三峡巴西之路

跨国经营
资本、文化与可持续发展视角

TRANSNATIONAL BUSINESS THROUGH THE LENS
OF CAPITAL, CULTURE AND SUSTAINABILITY

李银生 ◎ 著

·北京·

图书在版编目（CIP）数据

跨国经营：资本、文化与可持续发展视角 / 李银生著 . —北京：中国经济出版社，2021.5（2022.11重印）
ISBN 978-7-5136-6464-6

Ⅰ.①跨… Ⅱ.①李… Ⅲ.①水利电力工业 – 跨国经营 – 研究 – 中国 Ⅳ.① F426.9

中国版本图书馆 CIP 数据核字（2021）第 079248 号

责任编辑	耿　园
责任印制	巢新强
封面设计	任燕飞工作室

出版发行	中国经济出版社
印 刷 者	北京建宏印刷有限公司
经 销 者	各地新华书店
开　　本	710mm×1000mm　1/16
印　　张	11.75
字　　数	160 千字
版　　次	2021 年 5 月第 1 版
印　　次	2022 年 11 月第 2 次
定　　价	68.00 元

广告经营许可证　京西工商广字第 8179 号

中国经济出版社 网址 www.economyph.com 社址 北京市东城区安定门外大街 58 号 邮编 100011
本版图书如存在印装质量问题，请与本社销售中心联系调换（联系电话：010-57512564）

版权所有　盗版必究（举报电话：010-57512600）
国家版权局反盗版举报中心（举报电话：12390）　　　服务热线：010-57512564

推荐序一

雷鸣山

中国长江三峡集团公司
党组书记、董事长

大约十年前,在"建设三峡、开发长江"取得阶段性胜利之际,三峡集团决定加快国际化步伐,希望利用多年来积累的行业能力,到海外创造价值。巴西以其丰富的水电资源和成熟的市场体系,顺理成章地成为三峡集团最重要的海外市场之一。

对于水电人而言,位于巴西和巴拉圭边界的伊泰普水电站是一座行业高峰,让人景仰。而中国水电人后来居上,开发了包括三峡工程在内的一系列世界级水电工程,创造了诸多世界新纪录和行业新高度。中国和巴西的水电行业,天然存在很多理念和实践的差异,同时一直相互学习、彼此敬重。三峡巴西就是在这样的背景下发展壮大的。

李银生作为三峡巴西第一任首席执行官,见证了公司的创立成长、冲突融合和发展壮大的全过程,客观上成为中国水电和巴西水电最直接的观察者和比较者。他一贯认为,如果能够充分融合中国和巴西的水电理念和实践,三峡巴西就是时代的幸运儿,会有巨大的发展潜力。

可喜的是,三峡巴西很好地发挥了中国和巴西两个水电大国的媒介作用,让两种水电理念在三峡巴西这个平台上碰撞交融,最终成就了三峡巴西，让三峡巴西成为中巴经贸合作的典范，成为中国央企走出去的一张亮丽名片。三峡巴西践行可持续发展理念，推动行业最佳实践整合，为三峡集团创造了可观的经济价值，也为三峡集团国际化事业探索出一条新路。

三峡巴西足够包容，允许不同理念的冲突；三峡巴西也足够强大，让不同的理念得以融合。我想，这种不断的冲突与融合，也许就是新时代跨国经营的真谛吧。

我很高兴地看到，银生把他在巴西几年来的所思、所行、所悟记录下来，汇成此卷。相信会对中国企业开展跨国经营有很好的借鉴意义。

推荐序二

李金章

中国外交部原副部长
中国原驻巴西特命全权大使

第一次见到李银生,还是在2013年4月。那时,三峡集团踌躇满志,正在准备进军巴西市场。我作为时任驻巴西大使,自然全力支持,因为这符合中巴全面战略伙伴关系发展的大方向,有助于进一步拓宽两国务实合作的领域,更好地造福于两国人民。同时,鉴于巴西市场的复杂性,也暗中替他们捏一把汗。

短短的几年时间,三峡巴西就成长为巴西第二大私营发电公司,拥有的发电资产分布在巴西10个州。他们在财务管理、人力资源和可持续发展等方面获得很多奖项。我接触的很多巴西政商界人士,都对三峡巴西给予非常积极的评价。我想其中的理由,读者们可以在这本书中找到答案。三峡巴西的创新经营模式,对深化中国和巴西经贸合作发挥了积极推动作用。

三峡巴西特别重视跨文化管理,银生在这本书中也对此着墨颇多。三峡巴西在持续而有序的绿地开发和并购重组过程中,都牢牢抓住文化融合这条主线。他们的跨文化敏感度令人钦佩。他们会在并购前,开展企业文化调查研究,重组后,精心谋划文化融合,并在阶段性融合后,开展下一轮的并购重组。几年下来，公司的业务做大了，也构建了一种多元、充盈和富有生命力的企业文化。

三峡巴西在可持续发展方面也做得很出色。他们以人为本、尊重自然，关注社区发展。比如，三峡巴西管理的水库岸线比巴西海岸线还长，他们沿岸线做了很多关于环境保护、生物多样性和社区民生改善的项目，受到巴西社会的广泛欢迎和认可。

银生在巴西经常受邀参加一些论坛和会议。他擅长用外国人听得懂的叙事方式，分享他对基础设施开发、中国海外投资、跨文化管理和可持续发展等话题的见解，让人印象深刻。我很高兴他能把在巴西的跨国经营心得总结出来。我相信这本书，会给想去巴西、正在巴西经营的中国企业提供很好的参考，也会给一般意义上的跨国经营提供很好的理论和实践的借鉴。

自序

2020年《财富》世界500强排行榜中，共有124家中国企业（含香港企业，不含台湾企业）。其中，中央企业48家，地方国有企业32家，财政部门履行出资人职责的企业12家，合计92家。也就是说，上榜的中国企业中，约四分之三有国资背景。

我国国有企业改革发展取得明显成效。2019年，中央企业实现营业收入30.8万亿元，实现净利润1.3万亿元，上缴税费2.2万亿元，国有资本回报率5.2%。央企在中国经济发展中发挥了压舱石的作用，在实施国家重大战略和重要专项任务中发挥了顶梁柱的作用。

但同时我们还应该看到，在《财富》世界500强企业中，中国企业的盈利能力还明显低于美国企业甚至榜单平均水平，中国企业总体大而不强仍然是一个不争的事实。而这些中国企业中，民营企业的盈利能力又明显高于国有企业，国有企业自应直面差距、发愤图强。

差距也是机会。如果中国国有企业通过改革，提质增效，使运营效率和盈利能力达到民营企业的水平，中国经济将释放巨大的潜力。如果中国企业作为一个整体的价值创造能力达到世界一流水平，中国就会跨入发达国家行列。从历史看，一个大国的崛起，往往伴随着世界一流企业的诞生和壮大。国家的强大，为企业成长提供了坚强保障；企业的壮大，促进了国力的增长和国际影响力的提升。我国提出"培育具有全球竞争力的世界一流企业"，对于中国企业而言，是恰逢其时的历史机遇，也是时代呼唤的重大任务，更是时不我待的紧迫使命。

我国与世界经济强国的差距，从根本上说，是经济增长方式的差距，关键是要实现从规模速度型粗放增长向质量效率型集约增长的转变。而中国央企，特别是近年来许多走出国门的央企，随着国际业务的拓展，在与国际市场的互动和与国际同行的竞争中，积累了较好的管理经验，具备了较高的技术水平和长期战略规划能力，应该成为这种转变的主要载体和主力军。

建设世界一流企业，是一个长期而艰巨的过程，既不太可能自然而然地发生，也很难通过短期的"大干快上"实现。建设世界一流企业，需要千千万万家企业，作为市场主体，在市场中浸润，经历市场的洗礼。大浪淘沙，始见真金。只有市场，才能培育世界一流的企业。

市场的威力是巨大的。商品市场的竞争，要求企业必须不断提升商品和服务的质量，吸引客户；资本市场的竞争，要求企业必须能为资本提供足够的回报，吸引资本；人才市场的竞争，要求企业必须拥有健康的价值体系，吸引人才。在一个充分竞争的市场中活下来、活得好，是成为世界一流企业的基本条件。

固然，我们可以重点培育、精心扶持一些企业，让它们不必经历市场的风吹浪打也可以做出卓越的成绩，但这种温室里的娇嫩花朵，终究经受不了市场的风浪。一个健康的经济体，就像体育竞技场，我们不只需要金牌、银牌和铜牌选手，还需要千千万万的运动健将，而这些运动健将在不断冲击奖牌的过程中，会为市场创造极大的活力。

笔者大学毕业后一直在央企工作，身处充分竞争的市场环境。在很多人眼中，这是两个不太相融的世界。从2014年到2019年，笔者因担任三峡巴西公司总经理，每年有超过一半的时间在巴西工作。三峡巴西，就像那千千万万家企业一样，在市场中栉风沐雨，不甘平庸，追求卓越。三峡巴西从零起步，很快成长为巴西第二大私营发电公司，拥有828万千瓦装机，分布在巴西10个州，为当地经济发展提供可靠的清洁能源。公司取得良好的经济效益的同时，也在巴西电力市场树立了很好的品牌形象。

三峡巴西的成长之路，不论是并购重组，还是内生增长，始终牢牢把握"价值创造"这一核心主线。并购的逻辑是"一个资产由买家持有比由卖家持有更有价值"；重组的逻辑是"一加一大于二"。三峡巴西在并购重组的过程中，总是从价值创造的视角去审视这两个逻辑。除了通过并购重组创造价值，三峡巴西高度重视内生增长，通过提高运营效率、优化资本结构、打造品牌价值和提升服务质量等手段，提高三峡巴西创造价值的能力。

文化差异客观存在。如果任由文化差异演变为文化冲突，就会成为跨国经营的障碍，价值创造的杀手。如果利用文化差异进行文化融合，那么这种差异，就可能塑造出多元包容的文化，成为创造力的源泉。中国和巴西，远隔重洋，文化差异巨大。三峡巴西直面差异、尊重差异、借力差异，从公司创立之日起，就把文化融合作为三峡巴西核心能力进行建设，逐步形成独特的三峡巴西文化，成为价值创造的肥沃土壤。三峡巴西的员工，不论国籍和文化背景，都是我们的能力承载者、价值创造者和文化信奉者。

巴西是一个在可持续发展领域作出重要贡献的国家。1992年和2012年两次在里约热内卢召开联合国可持续发展大会，分别是可持续发展从理念走向实践、从现在走向未来的两次重要会议。当今时代，社会责任、环境保护和经济效益一起，成为衡量企业的重要指标。三峡巴西努力实现三个因素的相互促进和有机统一，从生态环境保护、社区能力建设、反腐败、职业健康、多元包容和以人为本等方面进行了大量的有益尝试，同时提升了企业价值创造的能力。从深层次看，可持续发展理念的不断发展，对公司治理提出了更高的全新要求。

本书以央企更加市场化、更加国际化为出发点，分享了自己在三峡巴西工作期间的思考和体会。本书的第一部分，是对巴西市场和电力行业做背景介绍。第二到第四部分，是本书的核心内容，分别从价值创造、文化融合和可持续发展三个视角探讨跨国经营。在结语部分，阐述了对央企建设世界一流企业的粗浅认识，也算是呼应了自己正在从事的国企改革工作。

最后做一点声明——虽然这看起来不言自明——笔者并非认为三峡巴西已经或者接近了世界一流的水平，三峡巴西仍然是一家年轻稚嫩的企业。应该说，培育世界一流企业的时代背景，激发了我写这本书的热情。书中记载的故事以及我的思考，不过是向世界一流目标行进途中的几帧掠影。

希望这本书对读者的工作有所帮助。

目录

引言　走进巴西 // 1

第一部分　巴西电力市场

第一章　五彩缤纷的大国巴西 // 7

　　五个历史刻度 // 8
　　巴西：未来之国 // 10
　　总统眼中的总统们 // 14
　　世界大国的艰难崛起 // 18

第二章　看不见的电力市场 // 23

　　彻底改变世界的电力工业 // 24
　　独特的巴西电力市场 // 26
　　电力行业何去何从 // 31

第三章　水电开发的前世今生 // 34

　　水电 // 35
　　水电情缘 // 36
　　水电"国家队" // 38
　　中国三峡在巴西 // 39

第二部分　价值创造

第四章　美好的跨国并购 // 43

议会连夜加班 // 44

竞拍准备 // 45

竞拍成功的秘诀 // 47

没有止步 // 51

价值创造的逻辑 // 54

美好的并购之后 // 58

第五章　能力创造价值 // 62

企业存在的目的是创造价值 // 63

企业能力有地域性 // 63

属地化能力建设 // 66

跨国企业的全球能力协同 // 71

第六章　风险与多元化经营 // 74

专注还是多元 // 75

多元化的代价 // 79

专注与规模 // 82

第三部分　跨国文化融合

第七章　全球化漫谈 // 89

跨国公司 // 90

多元文化 // 93

巴西和中国不一样 // 96

巴西和中国有些像 // 100

三峡巴西的多重属性 // 102

目录

第八章　文化融合的力量 // 105
　　企业文化建设 // 106
　　企业文化融合 // 111
　　企业文化转型 // 115

第九章　众说纷纭的领导力 // 118
　　领导地位 // 119
　　领导才能 // 121
　　领导团队 // 124

第四部分　可持续发展

第十章　自然中的企业 // 129
　　来自未来的抗议 // 130
　　企业的两难 // 133
　　三峡巴西环保实践 // 136
　　从自己做起 // 141

第十一章　社会中的企业 // 142
　　企业为谁存在？// 143
　　关照社区利益 // 144
　　企业社会责任实践 // 146
　　反腐败是重要社会责任 // 148

第十二章　以人为本的企业 // 151
　　职业安全 // 152
　　职业健康和发展 // 155
　　工作和生活的平衡 // 160
　　职场代沟 // 163

结语　国企改革 // 165

引言

走进巴西

中国三峡集团成立于1993年。在过去的20多年时间里,三峡集团持续开发、建设和运营了6座世界级巨型水电工程,以史无前例的密集度,迅速积累了大水电前沿经验,成为世界最大的水电开发公司和国际水电行业的领跑者。伴随着能力和信心的积累,基于企业的本能,三峡集团需要走向海外,释放潜力,创造价值。

巴西是世界上水电资源最丰富的国家之一,成功开发了知名的伊泰普水电站,拥有世界较高水平的水电开发能力和成熟规范的电力市场体系。三峡集团自成立之初,就与巴西电力行业建立了良好的关系,学习伊泰普经验,共同促进全球水电行业的进步。巴西,也就成为三峡集团走向海外的优先选择。

2011年3月3日清晨,三峡集团代表团一行抵达圣保罗国际机场,针对一个电力资产并购机会开展洽谈。这是三峡集团第一次以潜在投资而不是技术交流的目的来到巴西。随着工作的深入,工程师视角下那个熟悉的水电巨人开始变得陌生,投资商视角下的巴西,显得云谲波诡、迷雾重重。到了年底,大家心里已经明白,巴西市场非常复杂,我们还没有准备好。正如巴西人自己所说:巴西不是给初学者准备的。三峡人没有"迎难而上",而是"知难而退",耐心等待时机的到来。

受欧债危机影响,葡萄牙开展国有资产私有化。三峡集团于2012年斥资约27亿欧元收购葡萄牙电力公司21.35%的股权,成为葡电第一大股东。双方同时结成战略合作伙伴,共同开拓第三国市场。葡电早在1996年就进入巴西市场,到2012年,已经是巴西第五大私营发电公司、第四大配电公司和第三大电力交易公司。三峡集团进军巴西的热情被再次唤起,双方一拍即合,决定从葡电巴西正在开发建设的加利(Jari)水电站项目开始,两家公司各持50%股权,共同投资开发。两家公司基于良好的合作,以同样对等的持股比例,开展卡什瑞拉(Cacheira Caldeirao)水电站的开发。很快,葡电、三峡邀请巴西国电福纳斯(Furnas)公司一起,以各持1/3的股权,共同开发圣马诺埃尔(Sao Manoel)水电站项目。2013年12月

6日,三峡集团与合作伙伴们共同签署了三个项目的合作协议,在巴西崭露头角。

上述三个水电绿地开发项目,全部实现了提前投产发电。这在项目拖期十分常见的水电开发市场,显得十分难能可贵。那几年,适逢巴西干旱少雨,电力供应不足,这三座水电站的投产缓解了巴西电力短缺局面。

2014年,三峡巴西收购了葡电新能源11座运行或在建的风电场49%的股权。2015年,通过并购,获得特伦福电力公司格利保吉(Garibaldi)和萨尔托(Salto)两座水电站100%的股权。同年,通过竞拍,获得朱比亚(Jupia)和伊利亚(Ilha Solteira)两座大型水电站30年特许经营权。2016年,美国杜克能源离开巴西,回归其美国的监管业务,三峡巴西接手其持有的10座水电站。

2013年10月8日,三峡巴西公司在圣保罗正式设立之时,公司没有举办揭牌或开业仪式,也没有引起电力行业的任何注意。而到2016年底,三峡巴西公司已成长为巴西第二大私营发电企业,业务分布在巴西10个州,拥有828万千瓦装机,占当时巴西水电装机的8%,总资产达到500亿元、年营业收入达到100亿元,并取得良好的盈利水平。

2014年到2016年三年时间里,三峡集团在巴西实现三个跨越。第一年,通过参股合作进入市场,实现低风险业务起步;第二年通过独立运作做大市场,实现业务跨越式发展;第三年,并购整合优质发电资产,进入巴西发电行业第一梯队。三年时间里,三峡集团不光业务实现超常规的跨越式发展,同时高度重视管理体系的建立和风险管理,公司发展十分稳健,盈利水平逐年增长,建立了比较完善的现代企业管理体系,并建设了一支优秀的中巴混合国际团队。

2017年至2019年的三年时间里,三峡巴西潜心经营,加强文化融合,践行可持续发展理念,学习巴西电力行业最佳实践,融合中国大水电管理经验,电站管理水平成为巴西电力行业标杆,公司盈利能力在巴西电力行业名列前茅。三峡巴西公司曾先后获得巴西最佳电力企业、财务透明管理、可持续发展最佳实践、最佳人力资源管理等奖项，获得市场的广泛认可。

这六年，是巴西政局过去三十多年以来最为激荡的六年。原总统卢拉因贪腐入狱，时任总统卢塞夫遭弹劾下台，继任总统特梅尔接受贪腐调查。随后，右翼政客博索纳罗当选总统，并随即获得"热带特朗普"的绰号。在此期间，巴西开展以"洗车行动"为代号的反腐行动，大批政商人士被逮捕入狱，对巴西政局产生深远影响。

这六年，是巴西经济过去八十多年以来衰退最严重的六年。巴西在2015年和2016年连续两年出现经济负增长，经济缩水8%，是1931年以来首次出现的连续两年的经济下滑，雷亚尔币值大幅波动，结构化改革推动乏力。

这六年，是巴西气候过去七十多年以来最干旱的六年。干旱造成全国水电系统发电不足，昂贵的备用火电被紧急启用，对水力发电企业造成巨大的经营压力。

三峡巴西公司面对上述诸多挑战，从容应对，紧紧抓住价值创造这一主线，通过文化融合获取不竭动力，践行可持续发展理念，取得了良好的投资回报水平，获得巴西各界广泛认可。三峡巴西，就像经过了严冬考验的一棵树苗，更加坚韧挺拔，未来一定会枝叶繁茂，成长为一棵参天大树。

第一部分
巴西电力市场

PART

1

第一章
五彩缤纷的大国巴西

功夫和熊猫代表不了中国，巴西也不只有桑巴和足球。现代通信和跨洋飞行，并没有真正拉近国与国之间的距离，国与国之间的认知，多数情况下停留在标签化的阶段。工商人士大谈中巴合作的热情掩盖不了一个事实：大部分巴西人不了解中国，大部分中国人不了解巴西。

五个历史刻度

1808年底,为躲避拿破仑军队攻击,葡萄牙王室秘密而慌乱地逃往巴西,几年后更改国名为葡萄牙、巴西和阿尔加维联合王国,定都里约热内卢。

1822年,葡萄牙王室已经迁回里斯本两年,留下来的摄政王佩德罗王子宣布巴西独立,脱离葡萄牙统治,其自立为巴西帝国皇帝。

1889年,一些年轻军官发动政变,土生土长的巴西帝国第二任皇帝佩德罗二世被驱逐,巴西共和国成立。

1808年、1822年和1889年也因此成为巴西历史上三个最重要的年份。巴西作家劳兰提诺·高梅士(Laurentino Gomes)用这三个年份作为书名,写下了影响广泛的"巴西历史三部曲"。

对于巴西,我认为至少还有两个年份非常重要,分别是1500年和1950年。

1500年4月23日,葡萄牙人佩德罗·阿尔瓦雷斯·卡布拉尔(Pedro Alvares Cabral)率领船队抵达巴西东北部的塞古鲁港(Porto Seguro),登上这片神秘大陆,巴西登上世界历史的舞台。这些葡萄牙人见到的是全身赤裸的原始部族,和二三十年后西班牙人在邻近土地上见到的拥有高度文明的阿兹特克帝国人和印加帝国人完全不同,这也决定了巴西其后500多年与之迥然不同的发展道路。1500年之所以重要,还因为一个久远的"阴谋论":简单地说,如果人们不是在1500年,而是在1446年以前发现了巴西,那巴西就应属于西班牙,而不是葡萄牙。根据教皇过去裁定,西班牙有权掌握佛得角群岛以西100里格(约合600千米)沿大西洋往西的全部土地,这包含全部美洲大陆。1446年,在葡萄牙国王的抗争下,经教皇裁决,葡西两国签署《托尔德西里亚斯条约》,将该分界线向西推进了270里格(约合1620千米),称教皇子午线,线西归西班牙,线东归葡萄牙。这条线刚好把巴西的一部分包含进去,所以很多人认为,葡萄牙人早就发现了巴西，但是没有公开，直到《托尔德西里亚斯条约》签订以后，才装作误打误撞的样子发现了巴西。巴西也因此说葡萄牙语而不是西班牙语，并从葡萄牙而不是西班牙承袭了治国安邦的范式，让巴西成为巴西。

1950年对巴西的意义非同寻常。为迎接第四届国际足联世界杯，巴西在里约建设了在那个时代显得巨大而奢华的马拉卡纳球场。7月16日，决赛在巴西和乌拉圭之间展开，球场挤进约20万名观众，来见证巴西夺冠的历史时刻。巴西拥有公认最好的球队，大家已经提前做好了庆祝的准备。比赛开始后，巴西本一球领先，但在最后的13分钟里，乌拉圭连进两球，夺得冠军。据说，当时偌大的马拉卡纳球场是一片令人恐怖的寂静，人们不知道该做什么样的反应。今天，在位于圣保罗的足球博物馆里，一个角落无休无止地反复播放这段往事的实况录像。著名记者奈尔森·罗德里格斯（Nelson Rodrigues）评论说："每一个国家都有其国家灾难，就像日本的广岛。巴西的广岛，就是1950年世界杯上输给乌拉圭……没有任何东西，绝对没有任何东西，可以治愈这一创伤。"我把1950年作为历史性的一年，并不仅仅因为足球对巴西的重要性，还因为在此之前的很长历史时期，巴西并没有特别强烈的国家意识，就像莱斯利·贝瑟尔（Leslie Bethell）所说的那样："巴西那时没有国民身份的强烈感情。"（There was no great sense of national identity in Brazil.）1950年被很多人认为是巴西国民意识真正产生的一年，从那时起，巴西走向了现代意义的国家竞争，探索民族富强之路。

作为一本描写巴西商业故事的书，我想应该留出一定的篇幅，介绍这个独特的国度。为了更好地利用这个篇幅，我想介绍三本关于巴西的书籍，并综述一些其中的观点，我想这远比我自己凭着粗浅的认识去费力勾勒更加明智。需要说明的是，我没有打算完整地介绍三本书的全部内容，而是会从每本书中选取一个侧面，并增加一些我个人的理解，以共同构成我心中比较完整的巴西印象。

巴西：未来之国

第一本书叫《巴西：未来之国》，作者是奥地利著名作家斯蒂芬·茨威格（Stephen Zweig），译者樊星。该书是作者的最后一部作品，发表于1942年，同年，作者在里约附近的小镇佩德罗波利斯自杀身亡。作者一生创作了很多伟大的小说和戏剧，这部作品并非他的代表性作品。如他自己所说："从表面上看，它同我的一贯作品毫无关联。"作者去世前的八年一直在流亡，其时的欧洲纳粹横行，作者心中充满对自己精神家园——欧洲的绝望。而几次到访巴西，让他对这个生机勃勃的国家发自内心地喜爱。因此，作者的这部作品充满了理想主义色彩，对巴西不好的一面避而不谈。这本书一经问世，广受追捧，也受到很多的争议。即便如此，我仍然认为这是一本了解巴西的很好的读物。

茨威格这本书对巴西历史、经济和文化做了有趣的介绍，然后以游记的形式向读者展示了里约热内卢、圣保罗、米纳斯·吉拉斯和巴西北部的几个城市和地区。茨威格在介绍巴西经济时，用了不同颜色"黄金"作比喻，不甚严谨但形象生动地概括了巴西几百年的发展历程。作者说："在这里，每个时代都有不同的经济特点，仿佛是一出戏剧，而每一幕都是一种产品的名字。"下面，我就借用茨威格的比喻，介绍过去五个世纪的巴西经济大历史。

"白色黄金"时代：17世纪的蔗糖产业。根据茨威格的记述，葡萄牙人尝试移栽的第一批作物是从佛得角带来的甘蔗，取得了巨大的成功。基于欧洲人对甜味的迷恋，商人们面对不断增长的顾客群体，愿意接受任何收购价格，而这种原始蔗糖的种植和制作成本极低，蔗糖生产的利润飞涨。巴西就这样，第一次成为全球市场中的重要角色。烟草、可可和甘蔗共同构成18世纪前巴西经济的三大支柱。

"金色黄金"时代：18世纪发现钻石和黄金。"1700年，巴西已经成为一个强大的统一体，拥有自己的城市、要塞、港口。"当时的巴西已经十分富庶，而同期的葡萄牙帝国却逐渐走向衰落。黄金最早在米纳斯·吉拉斯山谷里被发现，开采量到1750年左右达到顶峰，迅速成为一个世界性的事件。根据茨威格的记述，在1852年加利福尼亚的金矿被发现之前，美洲其他地方出产的黄金总量都抵不上米纳斯·吉拉斯山谷这半个世纪的开采数量。墨西哥和秘鲁的黄金开采掀起了16世纪的逐金热潮，使全球货币总值增加了一到两倍，而这些金子只相当于巴西献给葡萄牙的黄金的五分之一甚至十分之一。巴西成了"旧世界"的宝库。这出黄金悲喜剧持续了七十多年。到18世纪晚期，巴西黄金产量骤跌，米纳斯·吉拉斯山谷如雨后春笋般建立起来的多座城市，成长的脚步戛然而止，人去楼空。我2016年5月去那里参观，觉得时间还定格在250年前。没有了黄金，巴西经济随后步入咖啡时代，继续保持着发展的脚步。而大西洋那一端的葡萄牙，曾寄希望于巴西的黄金重塑辉煌，随着巴西黄金产量骤减，则退回到原来的模样，成为一个平静的小国。

"棕色黄金"时代：19世纪咖啡风靡全球。巴西在19世纪和20世纪前半期在国际咖啡市场一直处于垄断地位。最古老的因素再一次登上历史舞台——土地的肥沃、种植的简便、生产过程的原始。到19世纪下半叶，咖啡的生产和销售大大增加，巴西成为全世界的咖啡供应商，大量的人口向圣保罗聚集，催生了一个世界级的大都市。巴西的咖啡经济到20世纪30年代因咖啡价格大幅下跌走向终结。

"红色黄金"时代：短时间出现橡胶的全球垄断。在咖啡经济时代，橡胶经济一度可以和咖啡比肩，尤其是汽车产业的兴起，给了人们对橡胶经济的无限想象空间。橡胶经济的兴起，让一座世界级城市——马瑙斯在亚马孙丛林中拔地而起。马瑙斯一度成为世界最富裕的城市之一。它的奢侈与浮华在当时足以将里约、圣保罗踩在脚下。而这一切都随着一个英国青年违反禁令，巧妙地将橡胶树种带出巴西，并在东南亚广泛种植而终止。

"活黄金"时代：移民丰富了巴西文化。1888年巴西废除奴隶制。严重依赖劳动力的巴西经济出现危机。废奴之后的50年间，四五百万移民涌入巴西，他们是意大利人、德国人、斯拉夫人和日本人，还有阿拉伯人。这些移民的到来，解决了巴西劳动力的问题，也逆转了巴西非洲化的进程，为巴西带来了多彩的文明和多元的活力，奠定了现代巴西的人口结构。这些移民，带来了更先进的农业，带动了工业的发展。茨威格认为，这些移民来的时间正好。如果早些年来，巴西的葡萄牙文化基础尚很薄弱，很容易出现部分区域的意大利化、德国化和日本化；而如果晚些年来，移民则会受后世民族主义影响，拒绝学习新的语言和新的风俗。幸运的是，这些移民来得不早不晚，完美地融入了巴西社会。

我想沿着茨威格的叙事逻辑，前后各增加一个"黄金"时代，一个是16世纪的"没有黄金"时代，另一个是21世纪以后的"黑色黄金"时代。

"没有黄金"时代：殖民者1500年到达巴西时作出的"没有黄金"的判断，为巴西赢得了和平时间。"既无黄金，也无白银"是最早探险者发回葡萄牙的信息。巴西的黄金和钻石直到18世纪初才被发现，这给予了巴西两百多年宝贵的平静发展时期，种种甘蔗和烟草，慢慢积累财富。试想，如果葡萄牙人16世纪初刚刚抵达巴西时就发现这些财富，各国力量将齐聚巴西，抢夺财宝，巴西一定会成为万劫不复的罪恶之地。18世纪初则完全不同。一方面，巴西经过两百多年的发展，已经趋于一个治理有序的国家，有保护自己的能力。另一方面，人类世界的道德观念也发生了很大变化。欧洲人在16世纪发现新大陆时，占领土地，杀害土著，抢劫财富，而这些恶行却被广泛接受，甚至打着上帝的旗号。而18世纪已然是不同的世界。总之，最初这两百年"没有黄金"时代，对巴西非常重要。

"黑色黄金"时代：21世纪是否会是"黑色黄金"时代？巴西原来是一个贫油国，陆地上石油储藏量很少，长期以来80%的石油都依赖进口。2017年，凭借盐下层石油日产102万桶的好成绩，曾经的贫油国巴西崭露头角，一举跃升至全球石油产量排行榜第九位。2018年9月伊始，巴西石油行业又传出好消息，盐下层石油产量已达到每天150万桶。巴西盐下层油田被认为是21世纪以来世界上最大的石油发现。巴西官方曾表示，巴西近海区域石油储量保守估计约为500亿桶。过去10年间，巴西盐下层石油开采量增长迅速。有人预计，到2027年，巴西将成为石油输出国组织外全球最大的石油生产国，到2035年，巴西石油产量将占到全球新增供应量的三分之一。因为巴西自然资源丰富，有人说，上帝是巴西人。但也曾有人嘀咕，巴西什么都有，就是没有石油。石油储量的增长，增强了很多人"上帝是巴西人"的信念。

茨威格说："木材时代、蔗糖时代与棉花时代发展了北部，创造了巴伊亚、累西腓、奥林达、塞阿腊与马兰尼昂。米纳斯·吉拉斯则建立在黄金之上。里约热内卢的兴盛得益于过往的避难。咖啡则推动了圣保罗的崛起。而昙花一现的橡胶产业则促成了马瑙斯和贝伦的迅速繁荣。在下一个时代，在钢铁冶炼的时代中，哪一个城市将迅速崛起，如今还是一个未知的谜。"

在茨威格离世后的近70年里，世界格局风云变幻，欧洲没有像他想象的那样走向崩溃，而是走出黑暗，结成欧盟，依然过着优雅的生活。以色列也在他死后6年建立，完成了犹太复国，这也应该是让他高兴的一件事。世界走过战后重建，进入全新的时代，经济全球化日益深化。旧世界、新世界的概念已经很少被人提及，战后独立的诸多民族国家也都过上了好日子。在这一段时期，巴西似乎没有很好地融入世界经济体系。虽然依靠大宗商品的优势还可以衣食无忧，但并没有像茨威格预想的那样，会有新的城市迅速崛起。如果非要说有，那就是巴西利亚。巴西利亚的崛起确实迅速，在1957年到1960年3年多一点的时间里，巴西人在人迹罕至的荒原上，让一座现代化城市拔地而起，成为巴西第三任首都。1961年，第一名进入太空的宇航员加加林造访巴西利亚，惊呼自己来到了另外一个星球，而不是地球。但巴西利亚的崛起，并不再是靠某种自然资源的滋养。

总统眼中的总统们

第二本书是巴西原总统费尔南多·恩里克·卡多佐（Fernando Henrique Cardoso）的自传《意外的巴西总统》（*The Accidental President of Brazil*）。

卡多佐出生于政治世家，年轻时无心政治，在圣保罗大学教书，成为知名社会学者，著述颇丰。这本书是他参与编写的第30本。后从政，于1994年至2002年任巴西总统。我引述这本书，是因为他有学者的深刻和渊博，有担任两任总统的独特经历，还有浓厚的以人为本的理念。有人说，卡多佐是佩德罗二世之后第二位统治巴西的博学文化人士。

书中说："巴西的国土面积和人口数量世界排名第五。经济总量排名世界第九。糖、橙子和咖啡产量世界第一，飞机制造和汽车制造也位居世界前十。拥有世界四分之一的耕地。粗略估计，巴西有2500万意大利人后裔，1000万德国人后裔，1000万黎巴嫩人后裔。巴西拥有的非洲后裔人数仅次于尼日利亚，拥有日本以外最大的日本人后裔社区。巴西是世界最大的牛肉出口国，世界上人数最多的天主教国家……世界贫富分化最严重的国家之一，10%的人口拥有50%的国家财富，四分之一的人口每日收入低于1美元。谋杀率高过联合国的轻度内战标准……在欧洲的福利国家制度崩塌的时候，巴西开始建设福利国家。"

离开茨威格描绘的生机勃勃、发展到20世纪初的巴西，下面让我们跟随卡多佐的文字，去探求巴西走过了怎样的20世纪。不论道路如何艰难，巴西在20世纪的100年里，是全世界经济增长最快的国家之一。

1889年11月18日下午3时，三名军官走进佩德罗二世的皇宫，传达命令：皇室家族要离开巴西。三名军官之一就是卡多佐的爷爷。佩德罗二世虽是葡萄牙王室血脉，但1825年出生于里约热内卢。他5岁即位，14岁亲政，64岁被放逐。他在巴西时被欧洲人称为"被遗忘在热带的哈布斯堡"。他被放逐后到法国定居，却觉得自己是巴西人，希望自己能死在自己的国家。他离开皇宫前写下一段话："离别之际，我和我的家人将保有对巴西最诚挚的记忆，并热切盼望她的伟大和繁荣。"在登船之际，他扭头说："你们发昏了。"（You are off your heads.）因为他深知治理这样一个庞大国家的巨大挑战。

不管怎么说，巴西从此进入共和时代。正如大部分君主制变成共和制的国家所经历的那样，巴西也经历了长期的阵痛和混乱。西奥多·方塞卡（Deodoro da Fonseca）送走佩德罗二世后宣布自己为总统，并深切体会到了佩德罗二世登船前那句话的含义。之后的两年时间，方塞卡谋求独裁地位，总统和议会形成完全敌对的局面。巴西精英阶层开始私下议论恢复帝制的可能，但没有实质性行动，没有出现"巴西的袁世凯"。

1889年至1930年被称为旧共和时期，共有13名总统执政。除1909年6月至1910年11月由来自里约州的尼洛·佩萨尼亚（Nilo Peçanha）短暂执政外，其他时期都由圣保罗州和米纳斯州的共和党轮流执政，这一时期也被戏称为"加奶咖啡"（coffee with milk）时期，因为这两个州分别以盛产咖啡和牛奶著称。

旧共和时期，不足三分之一的15岁以上巴西人能够阅读，只有3%的成年人有选举权（考虑到对受教育程度和财富的要求），上层社会过着优雅富足的生活，底层百姓生活贫苦，社会两极分化严重。其间爆发多次以"秩序和进步"（order and progress）为口号的运动和代号为"中校"的下层军官反叛事件。

1930年至1946年是瓦加斯独裁时期。1929年，美国爆发严重的经济危机，对巴西经济产生很大影响。巴西的经济支柱咖啡的价格暴跌65%。1930年，时任总统华盛顿·路易斯（Washington Luis）试图操纵大选，军人热图里奥·瓦加斯（Getulio Vargas）在一群愤怒的"中校"的簇拥下，登上历史舞台，成为总统。瓦加斯是巴西历史上最有影响力的总统之一。以他名字命名的瓦加斯基金会，已经成为拉丁美洲最大的智库和影响很大的教育机构。

1932年爆发了圣保罗州对联邦政府（首都为里约）的反叛，以抗议圣保罗州的逐步失势和瓦加斯的逐步远离民主。战斗持续了三个月，成为巴西社会一个永久的创伤。1935年，路易斯·卡洛斯·普赖斯蒂斯（Luis Carlos Prestes）领导的巴西共产党展开暴动，试图推翻瓦加斯的统治。这是莫斯科资助下的共产主义运动，在西半球第一次尝试暴力夺取政权，然而以失败告终。"二战"爆发以后，瓦加斯政府站在盟国一方，并派遣2.5万名士兵前往意大利作战。希特勒听说巴西可能派军时说："巴西派军到欧洲，除非蛇会吸烟。"富有创意的巴西人就以眼镜蛇叼烟斗的形象设计了远征军标志，并缝制在每个人的肩章上。这支"二战"期间南美洲派出的唯一一支军队不辱使命，获胜而归。

瓦加斯时期，巴西社会取得长足进步。瓦加斯凭借出色的政治手腕，团结各方力量，实施温和独裁，得以执政长达15年之久。1945年归来的远征军，在欧洲开阔了眼界，看到人们为了自由和民主而浴血奋战。他们长久地凝视自己的祖国巴西和正在把巴西带向专制道路的瓦加斯，他们觉得是时候要改变了。巴西人再一次进行了不流血的军事政变，瓦加斯被放逐到南大河州他自己的牧场——在那里，他开始筹划自己的再次归来。

1946年至1964年是巴西的第二共和时期。瓦加斯的下台，开启了亲瓦加斯派和反瓦加斯派党派纷争的十几年。瓦加斯于1951年再度当选总统，1954年被保守势力要求无条件辞职，瓦加斯在自己卧室开枪自杀。这期间，出现了另一位强势总统——捷克移民后裔儒塞利诺·库比契克（Juscelino Kubitschek）。他于1956年1月至1961年1月任总统，并亲自指挥建设了巴西新首都——巴西利亚。他尊重民主，包容异己，发展经济，任内巴西取得良好发展。库比契克曾说过："我们要用5年的时间完成50年的发展，让巴西走上工业强国之路。"

1964年3月31日，巴西发生军事政变，开始了长达21年的军事独裁时期。巴西的军事独裁，并不是大权集于一个强人，而是在军人当政的前提下，实行每4年一次的选举，先后有5名军人担任总统。这段时期，巴西经济高度发展，1968年到1973年持续出现两位数增长速度，被称为"巴西奇迹"。巴西的将军们提出一个口号：巴西——世界强国。敬业的军政府在执政头4年签发了三千多个总统令，勤勉地进行经济改革，政府开支被减少三分之一，财政收入大幅提高，议会照常开会，甚至还有一个反对党合法存在。而同期的智利出现了典型的独裁者——皮诺切特，所以巴西人自嘲说："我们连搞个独裁专制都搞得不像个样子。"

军政府后期，全国爆发民主运动，口号是"直选总统，现在"（Diretas ja!）。1985年，巴西进入新共和时期。首任当选总统坦克雷多·内维斯（Tancredo Neves）在上任前突患重病，由当选副总统若泽·萨尔内（José Sarney）就任总统直至1990年3月，为这一来之不易的民主奠定了不吉利的基调。费尔南多·科洛尔（Fernando Collor）继任，不足两年就因为贪腐问题被弹劾。伊塔马尔·佛朗哥（Itamar Franco）1992年底继任。巴西出现恶性通货膨胀并不断加剧，1993年通胀率达到2500%。费尔南多·恩里克·卡多佐作为财政部部长成功遏制通胀，并借势成为巴西总统（1995—2002年），大刀阔斧完成多项意义深远的改革。2003年1月1日，卡多佐为平民总统卢拉戴上总统绶带。卢拉曾两次和卡多佐竞选总统而失利，坚持8年后终于如愿登上总统宝座，巴西进入卢拉时代。

经由卡多佐描述的巴西发展历程，我们是否理解了他自己说的一句话："希望之后是失望，这是巴西特有的轮回。"（Hope followed by disappointment is a particularly Brazilian cycle.）

卡多佐和比尔·克林顿交谈时，克林顿说，每一个民族都有一个最大的忧虑和最大的希望。卡多佐认为，巴西最大的希望和最大的忧虑是一样的，她的希望是成为与其体量相配的世界大国，而其最大的忧虑，就是巴西永远也成不了世界大国。卡多佐还引用了茨威格在《巴西：未来之国》中的一句话："巴西是未来之国，她永远都会是。"其实，茨威格仅仅说了前半句，后半句是自嘲的巴西人自己补上去的。巴西的大国梦想是深藏不露的，在与乐观随性的巴西人的交往中，你往往很难体会到，而这一点，却又是理解巴西的关键所在。

世界大国的艰难崛起

第三本书是知名记者迈克尔·瑞德（Michael Reid）所著的《世界大国的艰难崛起》(*The Troubled Rise of a Global Power*)。

瑞德是经济记者，于1990年加入《经济学人》杂志社，曾常驻圣保罗，目前为《经济学人》杂志Bello专栏撰文。记者往往可以从另外一个视角介绍一个国家，尤其是外国记者，他们既保留了外国人的独立观察，又像本地人一样在这里生活。同时，因为工作，他们需要深入社会的不同角落。

瑞德同样很精彩地对巴西进行了全景式的呈现，这里仅简要介绍卢拉上台之后的巴西，并借用瑞德对巴西前景的思考。

卢拉自2003年初任总统，连任两届至2010年底。2011年起迪尔玛·罗塞夫（Dilma Rousseff）接任，在2016年8月第二任期未足一半时被弹劾。这近14年的时间，是巴西劳工党执政时期，可谓毁誉参半。

2009年11月的《经济学人》杂志封面，是巴西标志性的基督山巨型耶稣雕像冲向天空的形象，标题是《巴西起飞》。2003年的"家家通电"计划，让220万家庭实现光明。2002年到2009年，3000万巴西人脱贫。在全球大宗商品价格上涨的推动下，巴西经济高速发展。巴西政府信心提振，开始走向世界舞台中央。在世界经济被美国次贷危机拖累的2008—2009年，巴西迅速恢复生机，发展速度保持强劲（2010年实现7.5%的经济增长）。卢拉甚至公开宣称：21世纪是巴西的世纪！

卢拉政府的扩张经济政策让这位劳工党领袖任内风光无限，也成功地把他指定的继承人罗塞夫送上总统宝座。但罗塞夫一上任，便面临巨大的挑战，既要保持增长，还要抑制通胀。她的政府没有很好应对，使得巴西经济自2011年年中开始停滞长达18个月，通胀率达到6%以上。更糟糕的是，罗塞夫政府重新启用干预主义政策，开始对经济的方方面面进行干预，越干预，越糟糕，经济进入恶性循环。2013年9月的《经济学人》杂志封面，再次使用基督山耶稣雕像，但是是大头朝下、向下跌落的形象，标题是：《巴西搞砸了？》（"Has Brazil Blown It?"）。

这两期《经济学人》杂志封面，又应了卡多佐的那句话：希望之后是失望。2014年世界杯和2016年奥运会均在巴西举行，但并没有给巴西带来好运气。

对于巴西的前景，瑞德分三个方面进行论述，一是从国际视角看巴西，二是从内政角度看巴西，三是从21世纪跨度看巴西。

位于首都巴西利亚的外交部大楼与并排的其他兄弟部委大楼不同，造型优雅，设计独特，为巴西建筑大师奥斯卡·尼迈耶（Oscar Niemeyer）的得意作品。而且，巴西外交部还沿用了1960年以前位于老首都里约的外交部伊塔玛拉蒂宫（Itaramaty）这一名字。我们可以感觉到，巴西外交部地位独特。美国国务卿基辛格20世纪70年代访问巴西外交部时对东道主说："这是一座壮丽的建筑，你们现在需要一个与之匹配的外交政策。巴西的外交政策是什么？"

直到"二战"以后，世界才真正接受"拉丁美洲"的概念。巴西作家若昂·里贝罗（Joao Ribeiro）甚至说："事实上，巴西和秘鲁在文化、历史、种族构成方面完全不同……一个阿根廷人认为自己和巴西人的相似性就像德国人和土耳其人相比一样。拉丁美洲除了地理相连，根本不存在。"

在巴西旧共和时期，以至于一直到后来的库比契克时期，巴西的外交是立足加强与美国合作的泛美理念，而不是拉美外交。库比契克总统甚至向美国艾森豪威尔总统提出"泛美行动计划"建议，模仿美国在欧洲的马歇尔计划。按照牛津大学教授安德鲁·赫里尔（Anrew Hurrell）的观点，巴西的现代国际身份认同来源复杂。长期以来，一方面，巴西精英阶层从文化和宗教角度认为自己是西方世界的一部分，另一方面，巴西又是一个经受过贫穷、殖民和长期奴隶制洗礼的国家。自20世纪60年代后期军政府执政以来，相比于"西方属性"，巴西越来越认可自己的"南方属性"，并在外交舞台上对自己的政治和经济主权越来越敏感和防御。与美国的关系也逐步走向相互猜忌，无法形成同盟。热情开朗的巴西人，往往让人忽视或低估其民族主义的基因。1982年里根访问巴西时口误说道："很高兴来到玻利维亚。"这让很多巴西人至今记忆犹新，难以释怀。

巴西作为一个大国，实力不足，长期以来以跟随者而非引领者的形象示人，像一个温和的巨人。在外交上，巴西更加注重通过多边外交和和平协商的方式解决争端。巴西在过去140年里，没有和相邻的10个国家中的任何一个有过战争。巴西军队至今只有19万人，甚至比哥伦比亚的军人还少。卢拉在2006年说，巴西不希望领导任何人，只希望和所有的国家都建立合作伙伴关系。"冷战"结束以来，巴西的外交政策向几个方向演进。一是拉美区域外交成为优先；二是与其他新兴大国结盟；三是在全球外交中谋求更大话语权。

智利前总统里卡多·拉戈斯（Ricardo Lagos）在2012年这样评价巴西："今日巴西是最令人觊觎的中间力量代表。市场繁荣，文化多元，世界主义的国民，多边主义的政府。在外交界，巴西是最受欢迎的代表，因为巴西既是西方世界的伙伴，又是南南合作的朋友。简而言之，巴西不令任何人反对。"瑞德质疑道："不令任何人反对"是不是足以让巴西得到孜孜以求的全球地位？巴西在全球有几个盟友？巴西到底想要表达什么？巴西追求什么样的国际秩序？"不干涉政策"是不是解决国际争端的唯一办法？为什么巴西没有成为美国的伙伴？

巴西资深外交官鲁本·里库佩罗（Ruben Ricupero）说巴西是"姿态外交"，批评巴西没有外交战略。对此，瑞德表示认同并引用了另一位外交官的话："在外交上，中国关注的是存在，不是样子；巴西纠缠于样子，而不是存在。"

瑞德用《没有变革的利维坦》作为标题，介绍他眼中的巴西内政困局——裙带政治的昂贵代价。

巴西有类似美国的总统制，但议会是类似某些欧洲国家的"比例代表制"。每个政党都可以根据获得选票数量按比例分配议员。有时议会会有来自二十几个政党的议员，批准法案需要大量的政治协调努力。高度分散的政党，大多数没有明确的政治主张，它们存在的目的，就是瓜分政治利益，获取一些议会席位和政府关键岗位。为了满足不同政党的政治诉求，巴西政府的部委数量在2013年罗塞夫治下达到39个，比OECD国家平均部委数量多1倍。卡多佐任总统时，庞大官僚体系中有不少于2万个高级岗位在总统任免权之下，而这个数字在卢拉和罗塞夫时代有增无减。有些边远州曾出现有些议员席位从父亲转移给儿子，一个家族统治半世纪之久的现象，腐败猖獗，官僚主义盛行。

巴西政府开支占国内生产总值（GDP）的40%左右，可以说，巴西像欧洲国家一样征税和投入，但却提供了拉美水平的公共教育、医疗和公共服务。而且大比例的开支，并没有投入到可以给未来带来发展空间的基础设施。更让人大跌眼镜的是，巴西的公共投入是在扩大，而不是缩小贫富差距。1930年到1985年，也就是强人瓦加斯时代到军政府结束，巴西历经了长时期的国家发展主义（national-developmentalism），国家高度介入经济活动（公司化国家），却只为少数精英提供社会福利。1985年，新的民主时代开始，久受压制的底层百姓提出各种诉求，要求建立福利国家，催生了1988年宪法。这部宪法为全民提供免费教育、免费医疗和各种优越保障。也就是说，新的民主政权没有去试图改变公司化国家的治理思路，而是沿袭复制，只是把社会福利的受众扩展到全民。这是巴西无法承受的负担，为巴西后来的经济困局埋下了伏笔。

政府开支中的一个重头戏是养老金开支。由于1988年宪法，从养老金开支占国民收入比例来看，人口相对年轻化的巴西和南欧老龄化的社会大体相当（巴西65岁以上公民占人口比例11%，而希腊的比例是29%）。巴西人平均54岁就交纳了足够年限的养老金而可以退休，退休后平均拿到退休前工资的70%。世界银行估计，到2050年，巴西养老金开支会达到GDP的22.4%，而领取养老金的人口正以4%的速度增长。巴西养老金被称为巴西经济的定时炸弹，巴西也在谋求推进养老金制度改革。

巴西有一个广泛流传但无法考证的故事：据说卡多佐总统二十年前在议会推进养老金制度改革，差一票没有通过，而后来，有一个议员承认，他投票时按错了按钮，本来想投赞成票，结果投成反对票。如果当时没有这个错误，巴西就不是今天的巴西，很多事情都会有根本好转。可见历史真是偶然。

瑞德将"巴西世纪？"作为这本书最后一章的标题。这是一个疑问句，考虑到作者对巴西的喜爱，从作者欲说还休的口气中看得出来，作者心里有一个很大的问号。

安德烈·拉拉·雷森德（Andre Lara Resende）说过，巴西自1950年以来所有的经济快速增长，都源于公共投资的增加，要么通过强制储蓄（实际来自通货膨胀），要么通过外部储蓄（实际是外部借款）。巴西要想获得可持续的发展，必须进行税收和财政的结构性改革。马里奥·恩里克·西蒙森（Mario Henrique Simonsen）在1987年说，巴西的最大争论不是发生在左派和右派之间，而是在现代和陈旧之间。瑞德认为今日巴西仍旧如此。

自由派经济学家罗伯托·坎波斯（Roberto Campos）认为，巴西对自由主义过敏。这是巴西和美国最根本的区别。自由主义思想在19世纪出现过萌芽，但迅速被摈弃。从葡萄牙王室到巴西帝国，从瓦加斯强人政治到军事独裁时期，巴西采用的一直都是自上而下的统治方式，精英阶层被很好地关照，普通民众却没有机会发声。过去的几年里，巴西第一次开始有自下而上重构国家的呼声，这些呼声来自普通百姓，而不再是世袭的特权阶层。

瑞德认为，拥抱自由主义经济模式，关注社会政策，解决社会不平等，是巴西应选择的道路。巴西仍然有强大的经济实力，包括农业、能源和与日俱增的研发能力。2022年，巴西将迎来独立200周年，祝巴西好运！

第二章
看不见的电力市场

电对于我们,既息息相关,每时每刻都在使用,又十分陌生,无影无踪,大多数人一生也不需要关注。围绕这种独特的商品,产生了规模巨大的电力产业和规则复杂的电力市场,影响着一个国家的政治、经济和社会的方方面面。

彻底改变世界的电力工业

能源是人类赖以生存和发展的动力，分一次能源和二次能源。一次能源是天然能源，直接存在于自然界中，比如煤炭、石油、天然气、水能、风能等。二次能源指一次能源经过加工，转化而成的能源，如电力、煤气、汽油、柴油等。所以，电力是二次能源中独特的一种。

电是一种独特的产品。它看不见、摸不着，产品高度同质化。它难以存储，生产出来就要被使用，生产和消费要时时平衡。在现代社会里，电又被广泛认为是一种准公共产品，人们期待电力要足够便宜，要随时能用，要人人可用。电的种种特性，让电力工业富有特点。

电力工业只有一百多年的历史。孤立的发电厂最早出现在19世纪70年代，并逐步通过线路形成网络，点亮世界，提供动力，彻底改变了人类的生活方式。电力工业分为发电、输电、配电三个环节。发电环节就是把其他能源形式转化为电能，常见的发电技术包括燃煤发电、水力发电、燃气发电、核能发电、风能发电和太阳能发电等。输电和配电共同构成了传输系统，输电环节是把电能从发电厂输送到用户当地，再由配电环节完成向具体用电设备的输送任务。输电一般是通过高等级电压实现远距离输送，像高速公路；配电一般是用较低电压把电送到用户，像地方公路。同时，输电网是网络形式的，潮流可双向流动，可平衡互济，像双向公路；而配电网通常是辐射形式的，潮流单向流动，通向千万家，像单行道。但这些区别都不绝对，有些大城市的配电网络也是高电压、网络式。

不同电厂生产出来的电，完全相同。电会通过变压器，提高电压，以减少传输过程中的损耗。电通过高压输电线路送往远方，到达目的地后，需要通过变压器降压，以具备安全使用条件，并送往工厂、商店、千家万户。在发电、输电和配电之外，还有专门从事交易的售电公司，它们既不生产，也不运输，只负责买卖。售电公司的出现和兴起，也说明电力的准公共产品属性弱化，更加接近普通商品，因为任何商品的繁荣，都需要一个庞大的批发和零售网络支撑。

1996年，亨特（Hunt）与舍特尔沃斯（Shuttleworth）总结了四种电力工业结构模式，揭示了电力工业从垄断走向自由竞争的发展历程。四种模式以及很多变种的模式都被广泛地使用，每种模式各有优劣，适应着不同社会经济发展阶段的特点。

第一种是垄断模式。垄断模式下，同一家企业实现对发电、输电和配电的垄断集成式管理，所有环节被捆绑在一起（bundling）。这种模式已经存在一百多年，是最传统的电力工业组织方式，在电力行业发展历史中发挥了重要作用，目前世界上仍有很多国家采用这种模式。这种模式下的电力企业受到政府严格的监管，而且很多时候都是国有企业。这种模式的好处是所有的协调工作都发生在一个机构内部，交易成本低，执行能力强。这种模式的不足是，自然垄断的输配电与可以自由竞争的发电放在一起，无法真正引入竞争。同时，不同环节被捆绑到一个"黑匣子"里，对于效率低下或交叉补贴等情况都无从鉴别。

第二种是购买代理模式。在垄断模式下，电力企业没有足够的动力去提高运营效率，新建电厂的投资超支也会转嫁给最终用户。因此，电力工业引入竞争之初，是从发电侧入手。在购买代理模式下，电力系统中设立购买代理，该机构向所有的发电商购电，再转售给配电商，配电商向最终用户供电。这种模式实现了发电侧的竞争，催生了一批私人投资和外来投资的独立发电商（IPP），起到了提高效率、促进投资的作用。

第三种是批发竞争模式。批发竞争模式需要建立一个批发市场，取消购买代理模式中的唯一购买代理，市场存在大量电力零售企业。该模式实现了所有的发电商与配电商、电力零售企业之间的直接交易，进一步促进了竞争。除配电公司外，用电规模大的用户也可以直接从电力批发市场购电，而不一定要通过配电企业或电力零售企业购电。输电线路成为基础设施，通过收取过网费实现收益，就像收费高速公路。

第四种是零售竞争模式。这是竞争性电力市场的最终模式，所有的用户都可以选择自己的电力零售企业，用户可以在批发市场购电，也可以直接向发电商购电。配电公司对配电网也不再享有独占权利，配电网和输电网一样，蜕变成为基础设施，为电能的流动和交易提供物理保障。理论上，一旦充分竞争的市场建立起来，零售价格无须受到监管，不同的电力零售企业会进行充分竞争。从经济学角度来看，零售竞争是最理想的市场模式，但现实中情况往往没有这么乐观。

中国电力市场目前处在第二种模式，正向第三种模式迈进。巴西处于第三种模式，在逐步向第四种模式改革。美国每个州的电力市场模式不同，既有垂直一体化的垄断模式，也有实现完全竞争的零售竞争模式。总体来说，只有进入到第二种模式以后，私人投资才有可能。

独特的巴西电力市场

20世纪40年代中期以前，巴西电力行业主要由外国私有企业运营，特别是Light（加拿大）和Amfor（美国）电力公司。这一阶段电力监管法律严重缺失。1945年，巴西政府整合了圣佛朗西斯科河上的水电站，从此，联邦政府接管了发电和输电的建设任务，并把配电业务交给各州管理。这一举措从客观上实现了发电和配电的分离。1952年，巴西国家开发银行（BNDES）成立，1962年，巴西国家电力公司（Eletrobras）成立，进一步促进了巴西电力行业发展。1955年到1965年，巴西电力供应年均增长达到8%以上。进入20世纪80年代后，巴西开始出现恶性通货膨胀，巴西政府把电价当作货币政策工具以对抗通胀，由此引发电力行业危机，资金流中断，政府再也没有能力为电力行业发展提供经济支持。

1979年，英国保守党赢得大选，撒切尔夫人出任英国首相，直至1990年。1981年，同为保守主义者的共和党人里根当选美国总统，执政两届至1989年。西方世界在战后经历了二十多年的福利国家模式后，由撒切尔和里根开启了一个新的时代，拥抱新自由主义。他们相信市场万能，大力推动私有化，政府从经济事务中退出。

在新自由主义思潮的冲击下，一些国家开始尝试电力市场机制改革。1988年2月，英国颁布了《电力市场民营化》白皮书，提出轰动一时的去监管化（de-regulation）的概念。巴西20世纪80年代出现严重电力危机，进一步推动了电力市场改革和私有化的进程。1990年，巴西政府制订了全国私有化计划（PND）。进入20世纪90年代后，巴西首先尝试将发电、输电和配电分拆，为引入竞争创造基础性条件。发电和零售开始进入竞争时代，而输配电网络作为自然垄断行业，维持政府监管的模式。1995年出台特许经营许可法案，1996年成立半独立于政府的监管机构——巴西电监会（ANEEL）。巴西政府进而授予发电厂最长35年的特许经营期，让发电厂具有了商业价值，发电资产身价上涨，待价而沽。巴西发电资产私有化进程静静开启。

受全球电力私有化热潮的影响并基于对巴西经济改革的期待，巴西这一轮电力资产私有化引来全球电力巨头的关注。美国的杜克、AES，欧洲的葡萄牙电力、西班牙电力、法国电力、法国燃气苏伊士集团（现Engie）等在发电资产上均有斩获，很多巴西私营企业获得配电资产特许经营权。这些企业和巴西国有企业一起，构成了20世纪末期巴西电力市场的重要组成部分。

2001年4月，严重依赖水电的巴西电力系统出现险情——主要电站水库水位过低，随时可能出现电力供应危机。电力批发市场出现严重违约现象，市场参与者未能如期履约。为避免情况失控，巴西政府于6月1日实施电力定量配给制度，全国大部分地区开始限电。主要地区于2002年2月28日结束电力配给制。全国用电量下降20%~25%，对巴西经济造成巨大影响，2001年巴西经济增长放缓，工业产值出现下降。

巴西政府组织专门委员会对电力危机进行总结，结论是，电力危机的根本原因是电力投资不足，水库水位下降（降雨不足）只是使情况恶化，但不是根本原因。这一结论让巴西电力行业检视了刚刚进行的电力市场改革,并酝酿新一轮更加全面、更加深刻的电力市场改革。

2003年1月1日,卢拉履新巴西联邦共和国总统,邀请罗塞夫担任矿业和能源部长,构建电力市场改革方案。罗塞夫邀请知名电力专家毛里西奥·托马斯金（Mauricio Tolmasquim）担任其秘书长,主持电力市场改革。后者曾撰写了《巴西电力行业改革》一书,后由三峡集团组织翻译成中文,在国内出版,助力中国电力市场改革。

托马斯金在他领导的工作组中,引入很多不同领域的专家,聘请专业顾问机构一同工作,避免行政主导和长官意志。改革方案征求了代表不同利益群体的诸多行业协会的意见,开展了有益的辩论。这非常重要。一项重大的改革,必须尽早地凝聚共识,统一认识。闭门造车形成的改革方案,不论多么"高明",如果没有不同利益相关方的参与,最终都很难落地执行。当然,改革方案得以批准,仍需要很强的政治推动力。

改革方案设计初期,工作组争论于一个核心的理念：单边购买模式还是多边合同模式。这个选择,是电力市场改革的方向性问题,是一个重要前提。英国电力市场改革初期,就是采取了单边购买模式,由国家电网公司（NGC）组织全国性的电力池（pool）,所有发电商都要通过电力池进行电力交易,电力池进而再向区域配电公司、供电商和用户售电。一些发展中国家为了吸引发电侧的私人投资,也学习英国模式,比如巴基斯坦撤销国家电力公司后,成立中央电力采购机构（Central Power Purchase Agency）承担集中采购职能,也有很多国家直接让国家电力公司承担这个职能,比如老挝等。这些集中采购机构或国家电力公司的支付信用,往往由国家财政予以担保,以提高对私营和外国投资的吸引力。

经过充分辩论,巴西最终选择了多边合同模式,即发电商和购电人签署购电协议,购电人可以是配电公司、大用户、电力交易商,甚至可以是发电企业。这些购电协议可以分两种不同的执行环境。一种是监管环境（ACR）。如果购电人是配电公司,而配电公司承担着为所属区域受监管用户供电的职责，这份协议就受监管。这种执行环境有两个特点：一是购电协议时间长，往往跨发电厂的全部特许经营期，即30~35年。二是所有配电公司作为一个整体，为每一家具体的配电公司提供支付担保。也就是说，如果某一家配电公司不能如期向发电商支付电费，那这些付款义务会按比例分摊到所有配电企业，以提高配电公司的信用等级，从而更好保障居民供电。另一种是自由环境（ACL）。即发电商与大用户、电力交易商等签署双边购电合同，这些购电合同往往周期短，一般数月到数年时间，而且支付风险完全取决于购电人自身的信用。

2003年7月，巴西矿业和能源部提出《建议的电力行业体制模式》以及对该模式的详细说明，为电力体制改革奠定了基础。行政和立法部门在后续的审批过程中仅作出微调。2003年底电力改革基本完成，2004年相关机构全部到位，正常行使职责。

巴西电力行业涉及如下四种机构：一是政府机构，二是监管机构，三是私法下设立的保障行业正常运行的特殊机构，四是各类企业。前三种机构可以理解为管理机构，第四种是经济机构。这四种机构，也是任何国家、任何行业都需要的四种力量，可以保障一个行业的健康发展。

矿业与能源部（MME）是巴西电力行业核心的政府机构，是国家机关的一部分，负责行业政策和实施。由矿能部部长牵头组成两个委员会：一是国家能源政策委员会（CNPE），由矿能部部长联合其他相关部门的部长和专业人士组成，对电力行业的相关政策、指令和导则提出建议；二是电力行业监督委员会（CMSE），由矿能部部长联合若干专业机构负责人组成，负责监督发电、输电、配电和售电活动等，并在预定时间内对服务状况进行评估。

国家电力局（ANEEL）承担监管职责。监管部门虽然也属于广义的政府行政部门（executive branch），但有其独立性和特殊性。它往往有确立法律（implementing laws），即制定、听证和确定监管规则的权力，以及执行法律（enforcing laws），即调查、决定和惩罚等的权力。所以一个监管机构在其监管领域一般有准立法、准执法和准司法的特许权限。电力行业这种事关国计民生、运行机制复杂的行业，往往需要独立的监管部门。巴西国家电力局从其葡文名称直译过来，没有体现监管的字样，但从职能看，是典型的监管机构。所以有人把这个机构称为"巴西电监会"。

为了保证行业的平稳运行，电力行业另在私法下设有若干具有特殊职能的非营利性机构，主要包括能源规划院（EPE）、电力调度中心（ONS）、电力交易中心（CCEE）。能源规划院负责巴西能源行业的政策研究和中长期规划，也负责能源项目竞拍过程中的技术支持。电力调度中心负责电力系统的调度和运行，它从系统效益最大化的角度去开展系统调度，而不管各方的商业关系。电力交易中心则不管电力的物理调度情况，其宗旨是确保电力销售活动，并管理监管环境下的购电协议。电力调度中心和电力交易中心基本独立，因为发电商是否发电（被调度）完全取决于调度中心，自己没有决定权。发电商的电费收入也和实际发电量没有直接关系，实现了电力物理供应和电费金融结算的完全独立。

经济机构包括电力用户，发电、输电、配电企业，还包括不涉及实物经营活动的电力交易企业。根据巴西宪法，联邦政府有直接或通过授权的方式提供电力服务的义务。因此，电力行业内的经济机构永久性地受到国家的监管。

对于输电和配电企业，市场竞争会导致经济效率的下降。就像收费公路一样，如果鼓励市场竞争，就会出现两个局面：一是一个地区出现多条公路，导致车流分散，公路作为基础设施出现闲置，对整个经济系统来说是浪费；二是公路投资人已经把资金先期投入进去，后期的运营费用很低，边际成本几乎为零，竞争将会导致投资人各自降价吸引车流，最终入不敷出，让收费公路这种模式难以为继。因此，输配电板块，被视为自然垄断部门，其价格的合理性、服务质量的保障，都不是通过竞争实现的，而是通过监管实现的。

而发电和售电环节，则可以实现竞争，因此国家对发电和售电的监管力度相对较小。巴西政府不把发电和售电作为公共事业服务（特例除外，比如大型项目），而是作为联邦政府授权活动，也称为"联邦政府保留活动"。这就是我国电力行业改革所倡导的"放开两头，管住中间"，也就是把输电环节作为"基础设施"，实行自然垄断，在上游的发电、下游的配电引入竞争。

巴西新模式是一种混合模式，实现了国家规划和监管与市场自由竞争的较好结合，并逐渐成为很多国家学习的榜样。

电力行业何去何从

传统发电模式下，大型发电厂集中发电，然后通过输电网络送抵负荷中心是主流模式。其中有两个重要驱动因素：第一个因素是发电厂的选址约束，水电站要建在有落差的河段上，煤电厂最好建在煤矿附近，核电厂选址要综合考虑安全因素。第二个因素是传统的发电技术规模效益很显著，电厂越大，单位电量成本越低，所以电厂越建越大。世界最大的水电站——中国三峡水电站，装机2250万千瓦。世界最大的核电站是曾发生核泄漏事故的日本福岛核电站，装机910万千瓦。世界上也有多个火力发电站装机超过500万千瓦。相应地，输电技术也得到长足发展，1100千伏特高压线路输送距离可达6000~8000千米。特高压技术让电能得以更低的损耗送往远方。散落各地的大型发电站配以四通八达的输电网络，构成现代电力供应的主体框架。

分布式发电的兴起，提供了电力工业发展的另一种可能性。分布式发电是利用太阳能、风能、生物质能等技术形式，在用电负荷附近，提供小型、分散式、模块化的发电设施。这种发电模式可以不依靠输电线路实现供电，也有些分布式发电设施和电网相连，富余的电可以上网销售，发电不够时可以从系统购电。分布式发电的概念并非新创，只是近些年技术的进步使其成为可能。一方面,风电、太阳能发电技术日趋成熟,成本大幅下降,效率提高;另一方面,发电设施的安装、运行和维护日趋模块化,专业公司通过信息化技术提供全程服务,让用户不用担心复杂的技术问题。就像这些年手机、电脑和汽车等的发展趋势一样,我们只需要做"傻瓜"用户即可。

全球能源互联是另一个划时代的大胆倡议。如果全球实现电网的互联,那就会彻底打破全球能源时空分配不均的制约。比如赤道附近的庞大太阳能资源、极地的风电资源等,都可以通过全球能源互联网实现全球共享。这就彻底解决了太阳能发电"晚上没有太阳"的问题,因为从全球角度看,永远都有阳光。这个思路的雏形,早在20世纪70年代就有人提出,目前全球能源互联网组织在积极推动。这个倡议的实现,还有很多技术问题、经济问题和地缘政治问题需要破解。

2004年以来,美国、加拿大、英国、澳大利亚、丹麦、瑞典和意大利等国相继发生的大停电事故,让大家逐步认识到,传统能源供应形式存在着严重的技术缺陷。

随着储能技术、发电技术和智能电网技术的发展,电力工业的发展出现诸多可能。电力行业是会逐步走向分布式、微系统、个性化,还是会走向集中式、全球化、一体化?当然,我们可以说,两种理念会一定程度共存,两种理念我们都需要。

电力工业存在的这一百多年,是各种政治、经济思潮层出不穷的时期。什么样的电力体制更好,没有定论,要实事求是、因地制宜。不是越自由、越私有化就一定效果越好。即便在美国境内,也是多种模式并存。加利福尼亚州以外的西部几个州以及东南部几个州仍然是最传统的垂直一体化模式,而东北部、加利福尼亚州以及得克萨斯州等地,则实现了充分的市场化竞争。电力行业市场化改革难度大、风险高,需要一个国家有健全的法律体系、运行良好的市场机制和较好的行业基础。即便在发达国家和地区,诸如美国加州、加拿大、挪威等地,也在电力改革初期,出现了电价大幅上涨、电力供应短缺的局面。

电力市场改革的另一个视角，就是把原本一家企业内部协调的发电、输电、配电三个环节，通过市场化改革，形成不同企业、机构之间的三个环节的协同。在一个市场经济不够完善的市场里，交易成本往往很高，这涉及法律执行和企业信用等诸多因素。这种情况下，把问题留在一个机构内部，靠行政力量去降低内部交易成本，有时是更现实的解决办法。另外，电力行业中的企业往往都是大型企业，有的市场由为数不多的企业垄断，因此如何实现有效的监管，同时充分保护投资人的权益，也是一个难题。这都需要一个非常健全的市场化环境。亚洲很多发展中国家的电力市场改革失败，与市场化环境不健全不无关系。电力市场自由化并非灵丹妙药，但仍然是世界各国电力改革的方向。

第三章
水电开发的前世今生

水电和古代的水碾、水碓一样,都是对水的动能和势能的利用,是一种干干净净的能源形式。

水电

自从法拉第1831年发现切割磁感线可以发电后，人们想尽各种办法，寻找驱动电磁运动的动力。人类两千多年使用水能的历史，激发了对水力发电的探索。一般认为，1878年英国的诺森伯兰郡，用水力发电点亮了一盏灯泡。四年后的1882年，世界上第一座商用水力发电站在美国威斯康星州投入使用。巴西的第一座水电站位于米纳斯州，建成于1889年，目前仍在服役。中国的第一座水电站是位于云南的石龙坝，建成于1912年，至今仍在运行。

2018年，全球新增水电装机2200万千瓦，其中，中国和巴西是新增水电装机最多的两个国家。截至2018年底，全球水电装机已经达到12.92亿千瓦，占全球发电总装机的15.9%，是最大的可再生能源来源，水电以外的可再生能源（风电、生物质能、太阳能等）贡献了9.7%的装机。另外的74.4%的发电装机来自化石能源发电和核能发电。

水电有很多优点，清洁、可靠、经济。同时，修建堤坝还可以拦蓄洪水、调节库容、改善航运，通过人为的努力，解决水资源在时间和空间上分布不均的问题，让水更好地发挥作用。世界最大的水利水电枢纽工程——三峡工程，就是以防洪为首要功能的，当然，其发电能力也是世界第一。三峡工程作为水电工程的代表，自从建成投产以来，发挥了巨大的作用。

水电也有一定负面影响，诸如淹没土地、移民搬迁等，需要全面平衡各种因素。这些问题也导致水电受到很多非理性的指责。2014年8月，三峡集团派专家组到巴西，考察处在可行性研究阶段的塔帕若斯水电站（Tapajos）。项目预计装机800万千瓦以上，引起三峡集团极大的兴趣。我们一行车队行驶在亚马孙丛林里开辟的一条土路上。壮美的亚马孙美得让人窒息，是那种震撼心灵、不可言说的美丽。一条黄色土路和一排吉普车，就像是在一幅美丽油画上抹的一条污渍，或是美丽肌体上的一条伤疤，或是乱舞的苍蝇，让人产生强烈的负罪感。同时，这个区域周边的乡村城镇非常原始，贫穷落后，甚至有远离文明的感觉。开发水电站无疑会给这个区域带来巨大的利益，推动社会经济的发展。这让人如何选择呢？

水电情缘

水力发电企业，就像绝大多数企业一样，有生产，有销售，有管理。但有一个很特别的现象，水电从业人员对于水电的生产环节有超乎寻常的感情投入。大家会津津乐道各种技术指标，痴迷于种种技术细节，关注电厂的发电量。这种特殊的感情寄托，从企业最高层管理者，到具体运营团队，都可以强烈地感受到。

中国的三峡水电站与位于巴西和巴拉圭界河上的伊泰普水电站一直暗中较劲，看谁发电更多。自从三峡巴西公司成立，这两大世界水电站就多了一个简便的对话平台。大家经常通过这个平台进行交流，有时就会看起来漫不经心地问一句："你们今年发电情况怎么样？"

从装机容量看，世界第一大水电站是三峡水电站，装机2250万千瓦，第二大水电站是伊泰普（Itaipu）水电站，装机1400万千瓦。装机容量是指可以发电的能力。对于水电站来说，由于不同季节来水不均匀，不可能总有足够的来水，不可能总处于最好的发电状态。所以装机多少要考虑平衡，装机太大会导致大多数时候发电能力无法充分发挥，产生浪费；装机过小会导致水多的时候容量不足，要弃水。

对于三峡工程来说，长江来水不均，年度平均来水量14300立方米/秒，丰水季可以达到29800立方米/秒，高峰时可达52200立方米/秒，而枯水季仅有3390立方米/秒。三峡电站满发流量约为12900立方米/秒，这就导致它的发电能力比来水均匀的电站差一些。更重要的是，三峡工程是一个综合效益的水利枢纽工程，其首要功能是防洪，因此理论上讲，有时为了拦蓄洪水，能发电也可以不发（这种情况至今还没有发生过），有时为了泄洪，要白白放掉一些水，影响了全年的发电能力。

而伊泰普水电站位于巴拉那河（Parana）上，来水均匀，年平均来水量在9000~16000立方米/秒波动，丰水季来水最大流量为33000立方米/秒。伊泰普水电站的最优发电流量在11000~14000立方米/秒。在巴西电量再调节机制（MRE）下，由于伊泰普装机容量与发电量都很大，国家调度中心一般会对上游电站的流量进行控制，优先保证伊泰普水电站用水。相对而言，伊泰普可以持续不断地发电，而且伊泰普工程是一个纯粹的发电工程，没有防洪和航运的约束。

2014年以前，伊泰普水电站以更小的装机，每年生产了比三峡水电站更多的电能。2014年，三峡水电站发电量达到988亿千瓦·时，首次超过伊泰普水电站。2016年，伊泰普水电站发电量达到1031亿千瓦·时，创造了当时单座水电站年发电量的世界纪录。随着溪洛渡与向家坝水电站的库区综合调度作用逐步显现，三峡水电站2017年以来的年发电量均超过了伊泰普。2020年，三峡水电站发电量达到骄人的1118亿千瓦·时，创造了世界纪录。随着乌东德和白鹤滩水电站逐步投产发电，梯级调度优势会进一步显现，三峡水电站总体发电量预计将全面超过伊泰普。

为什么水电人对水电寄托了如此深厚的感情？我觉得有水和电两个原因。从水上来讲，水通过机组并没有损耗，却产生了电能。对于一个耗资巨大的水电厂，一旦建成投产，每一滴水都不会白白流过，这是边际成本极小、边际效益巨大的过程。水电人必须有极强的信念，把技术问题解决充分，不让每一滴水白流。从电上来讲，在很多国家的某些时代，电是拉动经济发展、提高生活水平的稀缺品、战略品、民生品，发电就意味着拉动GDP。电在很多人心目中，是有着神圣属性的。虽然时过境迁，如今在很多国家，电已经高度市场化、商品化，甚至过剩化，但历史的记忆已经留下深深的烙印。

水电"国家队"

投资水电是一个很独特的商业模式。首先，水电投资需要大笔的前期投入，要解决环境保护、社会影响和工程技术问题，完成水电工程建设。项目一旦投产，所需要的运营开支就很低，因为生产电力的原材料是水流，除了有时需要交一些水资源费，基本是免费使用。而水电站需要的运营人员也很有限，在很多市场不需要什么营销队伍。总结起来，这是一个资本性开支（CAPEX）很高、运营费用（OPEX）很低的行业。巨大的前期投入需要多年回收投资，获得回报。

其次，水电投资的产品具有很好的可替代性。不管哪个电厂发出的电，都是完全相同的。随着技术的进步，一旦你的产品不再被需要，或者不具有市场竞争力，购电人可以找到完全一样的替代产品。你没有办法找到一个市场营销大师，去告诉消费者，你的产品与众不同。

最后，水电投资的退出成本很高。如果是一个一般性的工厂，当产品不再有市场优势时，可以考虑退出。比如一个牛奶制品厂，如果他们的产品不再受欢迎，那他们可以停止从农场购买牛奶，拆除工厂，变卖或退租土地，关掉工厂。而对于一个水电站来说，一旦没有人购买它的电能，这个大坝可能变得一文不值，厂房的设备也基本没有办法重新使用，巨额的前期投入完全没有办法回收。

更加重要的是，水电站需要淹没一定的土地，不可避免地要产生一定的环境影响和移民搬迁，这些挑战往往要比工程技术本身更加棘手，所需投入的资金巨大且难以准确预计。

水电行业的这些特点，使得私人投资者望而却步，国有企业甚至政府机构成为这个行业的主力军。比如美国的田纳西流域、胡佛大坝等，加拿大的魁北克水电，澳大利亚的塔斯马尼亚水电，法国电力，巴西的诸多联邦和州立电力企业，中国以三峡为代表的中央企业，等等。世界上知名的大型水电项目，多数是由这些"国家队"开发完成的。

而在今天，电力行业逐步走向私有化、市场化，水电领域也不例外。很多国家都使尽浑身解数，吸引私人投资水电。在私人投资水电这方面，巴西恐怕是走在前面的。自从2003年实行新模式以来，私营企业陆续投资开发了美丽山项目（1100万千瓦）、圣安东尼奥水电站（Santo Antonio，357万千瓦）和吉劳（Jirau，370万千瓦）等大型水电项目。但如果仔细研究就会发现，这些项目的股东结构多元，其中国有企业、国有背景的投资基金等构成主要资本金来源，而一般60%的债务都由国有银行（BNDES）提供，所以从资金来源上看，还是以国有为主。少数的纯粹的私人投资商，也是以较小的投入，希望获得项目的建设机会。另外，这些项目普遍出现比较严重的拖期、超支现象，目前的经营情况并不理想。水电私人投资的困难不容忽视。

中国三峡在巴西

巴西河流众多，滋养亿万生灵。巴拉那河是南美洲长度仅次于亚马孙河的第二大河，全长4880千米。河名源自本地图皮语（Tupi），意为"像海一样"。这条大河在奔流入海的途中，承担了巴西和巴拉圭、巴拉圭和阿根廷的国际界河职责。而在巴西、巴拉圭和阿根廷的三国交界处，坐落着举世闻名的伊泰普水电站。电站装机1400万千瓦，每年发电1000亿千瓦·时左右。如果把这座水电站看作一个独立国家，伊泰普在世界各国发电量的第35位前后。

从伊泰普水电站沿巴拉那河溯流而上约700千米，就到了朱比亚水电站。她与上游不远处的伊利亚水电站，像一对姊妹，总装机约500万千瓦。沿途有很多支流，一条是铁特河（Tiete），建有12座水电站，装机266万千瓦。另一条重要支流是巴拉那帕内玛河（Paranapanema），建有8座水电站，总装机220万千瓦。

这一片流域，在20世纪60年代到80年代，建成了数十座水电站，为巴西经济腾飞提供了丰沛的能源，也成就了一家电力企业——圣保罗电力公司（CESP）。圣保罗电力公司前身可追溯至1885年，在20世纪60年代至90年代是巴西最大发电集团，持有以朱比亚和伊利亚两站为中心的该区域大部分水电站，规模超过巴西国家电力公司，形成了强大的技术、创新和管理能力。

1999年，铁特河和巴拉那帕内玛河两条流域的电站分别出售给美国AES公司和美国杜克能源。2015年11月，朱比亚和伊利亚水电站出售给三峡集团。2016年底，三峡巴西并购杜克能源持有的巴拉那帕内玛河上的电厂。2018年，圣保罗电力公司将剩余不多的资产出售给巴西沃托兰亭（Votarantim）和加拿大某基金的联合体。至此，持续近20年的私有化进程宣告结束，一度名扬内外的圣保罗电力公司不复存在。三峡巴西在这个过程中，成长为巴西第二大独立发电企业和第一大私营水电企业。

巴西普鲁登特总统城（Presidente Prudente）是圣保罗州的一座中型城市，处在三峡巴西主要电厂的中间位置。2018年12月21日，正值巴西盛夏时节，普鲁登特总统城烈日当头，周边电厂的员工，从四面八方赶来，参加三峡巴西公司电厂员工年终聚会。这些员工，大多是原圣保罗电力公司员工，在私有化过程中散落各地。目前，他们为之工作近半生的水电站，重新整合到三峡旗下。聚会期间，很多员工见到了30年未见的老伙伴、老同事，大家紧紧拥抱，欢歌笑语，回忆过去，畅想未来。

中国和巴西作为两个水电大国，在各自的水电发展历程中，彼此关注，惺惺相惜，形成了风格迥异的流派。三峡巴西，注定成为不同商业文化、不同行业理念的碰撞交融之地，让来自不同国家的人们激情满怀，上演了很多精彩故事。

第二部分
价值创造

PART

2

第四章
美好的跨国并购

并购看起来十分美好！只要有钱，一夜之间，你可以获得划时代的技术，进入梦寐以求的市场，成为某一个领域的行业老大，将世界闻名的品牌收归名下。但细想起来，这些都是经营企业的手段，不是目的。企业的目的，是创造价值。有学者说，70%以上的并购没有创造价值。

议会连夜加班

2015年11月24日,巴西首都巴西利亚,巴西参议院正在连夜开会,审批一个能源法案。这个法案,事关巴西财政危机,也吸引了全球能源巨头的关注。这一晚,来自中国三峡集团的代表团,正在圣保罗的一间会议室,紧盯着电视直播屏幕。议员们丝毫不在意时间已经很晚,每个人都要站起来陈词几句。晚上9点15分,议案以44票同意、20票反对、1票弃权通过,为第二天上午10点的电力资产竞拍排除了法律障碍。

20世纪六七十年代,伴随着经济高速增长,巴西出现一轮水电工程的建设高峰,包括圣保罗州的朱比亚水电站和伊利亚水电站。朱比亚水电站装机155.1万千瓦,1969—1974年陆续投产;伊利亚水电站装机344.4万千瓦,1973—1978年陆续投产。两座水电站位于巴拉那河上,相距60千米,电力行业里往往把两座水电站当作一个工程看待。两座水电站由圣保罗州电力公司特许经营,通过销售电能获得收益。现在,特许权即将到期。

根据当时的法律,特许权到期的水电站需要移交给政府,政府再进行公开竞拍,中标人仅代替政府进行资产运营维护管理,获取微薄的运营收入,不再进行电能销售。这种特许经营模式转为运营维护模式的安排,使得政府无法获得额外的财政收入,电力公司也没有积极性精心维护电厂。

2015年,巴西出现严重的财政赤字。同年8月,巴西财政部和能源矿产部想到一个解决办法,即把即将到期的水电站特许经营权再次延长30年,新一轮的特许经营权通过竞拍授予,中标人缴纳一大笔特许经营费用给巴西政府,通过后续技术改造和运营维护,保障电站可以可靠运营30年,并通过其间的电力销售获得收入和回报。

项目清单锁定为27个水电站,总装机约600万千瓦,而前文提到的朱比亚和伊利亚就占了约500万千瓦。这样一个新安排,是电力系统中利益分配的重大调整,需要经过复杂、冗长的论证、听证和立法程序。而潜在的投资人需要通过长时间的研究、分析和审批流程,方可以参加竞拍。而为了解决财政赤字问题，这些复杂的流程只有在2015年完成才有意义，倒排时间，公开竞拍日确定为2015年11月25日上午10时。从巴西政府角度，各种监管、行政、立法流程紧锣密鼓地开展，最后一个环节——参议院的立法批准——不得不在竞拍日的前一天晚上进行。

竞拍准备

2015年10月7日巴西政府发布公开竞拍通知，11月25日竞拍，2016年1月5日交割，投资额预计为37亿美元。时间很紧，任务很重。三峡集团决定成立工作组，从不同单位和部门抽调精锐力量，打一场攻坚战。

工作组并不是中国特有，国外常有工作团队（working group）或者特别小组（task force），也是为了一个时间短、任务重、责任大的工作而组建。这个工作组的任务是：集成各方专业能力，深入研究项目问题，形成严谨竞拍方案，支撑集团科学决策。

这个工作组面临三大挑战：第一大挑战是如何协同前方和后方的力量。前方团队——三峡巴西公司有一支属地化的专业团队，包括估值、法律、融资、环保和技术等，以巴西专业人士为主，有些人对这个交易有深刻的理解，有些人对这些资产十分熟悉。而后方团队十分熟悉三峡集团开展海外并购的做法和流程，但对于巴西市场非常陌生，对巴西团队的部分建议心存疑虑。更为复杂的是，由于前方团队更熟悉情况，有一定的经验优越感，而后方团队来自总部，有一定的站位优越感。如果前方团队的研究成果无法成为项目工作的基础，后方团队要从零开始，逐步构建自己的认知。用某个项目组成员的话说就是，什么事都要从猴子变人说起。这个过程对一个年轻的团队来说，谈何容易。前方得不到信任的挫败感和后方背负沉重压力下的焦虑感，很容易让项目陷入僵局。

第二大挑战是如何协同多个层级的力量。这个工作组的成员有各级领导、不同领域的专业人士、职能负责人和中青年业务骨干等。为了协同好团队成员力量，工作组必须直面和应对几个关系。一是如何客观看待上级的权威性，是不是上级说的话都是对的，下级有没有勇气挑战上级，上级有没有足够的胸怀去面对下级的挑战。二是如何规避各个专业领域的局限性，每个专业人士都倾向于认为自己的领域是最重要的，把不同领域的问题放在一起大排队，需要很强的全局观念。三是如何让每个人，不分长幼，不论职位高低，都可以平等地发表意见并坚持意见。这几个问题处理不好，工作组将丧失创造性、丧失活力，专业问题可能研究不透，全局问题可能没有纲领。

第三大挑战是如何协同内部团队和外部顾问的力量。我们常常看到使用顾问的两个极端观点。一个极端观点是：顾问是专业的，顾问是万能的，听顾问的没错！另一个极端观点是：顾问懂的我们都懂，我们懂的顾问不一定懂，靠自己，不尊重顾问观点，甚至持顾问无用论。两种观点都贻害无穷。外部顾问和内部团队应该相互补充，协同工作。外部顾问以专业做事为主，内部团队以审查复核为主；外部顾问多提供方法、工具和数据，内部团队多关注行业和企业自身的特定因素。

工作组能否在这么短的时间内高质量完成任务，取决于工作组能否成功运行。简单地把一群专家聚集在一起，无法成为一个团队。一个好的团队，必须有明确的目标、团队文化、工作方式等成文或不成文的约定。否则，工作组按时把事情做完容易，但无法保证工作质量。对于这个工作组而言，工作质量关系数十亿美元在今后数十年里的安全问题和价值创造问题。

工作组中曾经多次出现激烈的辩论和争吵。争吵中大家忘记了各自的身份，大家都以科学严谨的态度面对问题。有很多学者专门研究团队的管理学问题。其中有一位布鲁斯·塔克曼（Bruce Tuckman），早在1965年就提出团队发展阶段理论，即一个团队发展一般分组建（forming）、冲突（storming）、规范（norming）和履行（performing）四个阶段。工作组充分尊重组建、冲突和规范这三个阶段的客观规律，很快就进入到履行阶段，赢得了宝贵的时间。应该说，这样一个开放坦诚的工作组文化，来源于三峡集团淳朴、严谨的工程师文化，来源于走出长江、走向世界的雄心壮志和高瞻远瞩的开阔胸怀。

2015年11月25日早晨，一行人分两组来到竞拍现场圣保罗证券交易中心（称为"B3"）。巴西的数字化运用一向名声较好。总统大选早已实现数字化投票，选举结果数小时就可以宣布。税务管理系统高度互联，引来美国同行观摩学习。能源行业的竞拍也多采取电子竞拍方式，电力公司只需在自己公司就可以参与规则流程复杂的电力开发项目竞拍。但这次特许权拍卖，巴西政府采取了传统的现场公开喊价（open outcry）竞拍方式。

巴西政府先行确定项目的30年特许经营期的资产价格，三峡集团关注的两个大水电项目总价37亿美元。这个价格对每个竞拍人都是一样的，大家竞争的标的是电价。电站发电容量被分为两个部分，其中70%为监管电量，只能在监管市场出售，30%为自由电量，可以像任何商品一样，在双边市场自由出售。在支付37亿美元的资产价格以后，谁能以更低的价格在监管市场供电，谁中标。

略去所有复杂的竞拍规则和紧张的竞拍过程，三峡巴西以最优的价格获得两座电站的30年特许经营权。

竞拍成功的秘诀

经常有人询问，这么复杂的项目，我们竞拍成功的秘诀是什么。我把当时接受媒体采访的文字记录完整地放在这里。

> 记者：请问竞拍成功的秘诀是什么？
> 答：首先是时间紧张。但就是因为时间紧，我们才获得了很

好的竞争优势。怎么克服？一是提前动手抢时间。比如，招标通知发布前，各专业顾问的选聘工作已经完成，收到竞拍通知后，随即签订委托书和开展尽职调查等工作，没有浪费一天时间。再比如，招标通知规定，竞拍后，中标人有一周时间提供资质文件，以便巴西政府正式确认中标，我们是竞拍后同日（其实几乎是同时）提交的材料，以提前获得中标确认书，为融资工作争取时间。二是科学计划创造时间。得益于集团对大水电独特的研判能力、融资渠道的多元和通畅，以及巴西本地团队对市场环境和监管规则的熟悉，在项目之初，我们就有清晰的实施路线图。有了科学的计划，很多工作可以立体安排，平行推动，相当于创造了时间。三是空间换时间。中国和巴西地处东西半球，黑白颠倒，工作的成果每天随着太阳的起落在两地传递。从工作流水线上看，是24小时作业。

其次是沟通协调。后方总部三十多人的团队，前方巴西公司三十多人的团队和各专业顾问三十多人的团队，夜以继日地工作。项目之初，受时差、语言和工作习惯差异的影响，尤其是对某些问题关注的角度不同，各方团队没有完全成为集成力量。前方、后方像是两个火炉，都熊熊燃烧，各煮沸了一炉铁水。项目团队及时注意到这个问题，通过建立多种沟通机制，逐步集中资源和力量，最后汇成一个熔炉，铸成三峡集团国际化进程中的这一重要里程碑。

最后是公共舆论。这两个项目，是巴西十分重要的战略性资产，处在巴西经济心脏地区。巴西经济和社会相对封闭保守，媒体十分独立，中国投资人到巴西收购这两个项目，是要过公共舆论这一关的。三峡历来与巴西政府各部门和机构保持良好的关系，竞标过程中，我们与巴西矿能部、财政部、电监会等机构建立了十分紧密的联系，几乎每天都有联系；同时，我们与在巴西的十几家本土和外资电力企业保持接触，探讨多种合作可能；我们也与巴西大部分大型金融机构保持良好的工作关系，与媒体保持顺畅的沟通。在这一过程中，我们宣传三峡注重环保、注重社会责任、注重劳工和本地化经营的理念。从中标后全球以及巴西本土媒体报道看，评价是十分积极和正面的。

记者：作为全程参与并购项目的前方总指挥，您在此过程中有什么感受和体会？

答：第一，这次并购，不论是工作过程还是决策过程，都体现了高效严谨和科学审慎的特点，似乎我们忽然站到了一个新的高度。我有两个认识：第一，这种优异的表现，不是突然间降临的，而是多年以来的循序渐进和逐步积累，在这样一次并购案中得到了集中体现；第二，这种优异的表现背后，更多的不是专业能力的提升，其更深层次的原因，我觉得是三峡集团有一大批干部员工，胸中有高尚的情怀，为了国家和企业的利益，不计个人得失。

第二，在过去两年里，集团公司开展了塔帕若斯项目前期工作，大家对于中国和巴西水电的设计和建造环节的各自特点有了更加深入的认识。集团公司多次派专家来到巴西，与巴西水电界人士广泛接触，促进了两个水电大国的经验交流。在这次并购过程中，集团又派出顶级的机电和运维专家，针对电站运维、电力消纳、电力监管等方面，与巴西专家开展了大量深入的交流。通过这些互动，加深了我们对两国水电全产业链形态的理解，建立了对彼此的尊重。我觉得，中国和巴西两个水电大国，以不同的理念和实践，形成各自独特的能力，具有不同的气质，多年来却缺乏深度的交流。我特别愿意看到，三峡在巴西的经营，可以推动两国水电行业的互动和合作，一定会对全球水电领域的进步产生深远影响。

第三，我在整个并购期间，反复呼吁的是中标后面临的挑战。我们算是"满分中举"吧，但这是万里长征第一步。在今后的日子里，如何按照巴西市场规则和惯例开展好项目经营，如何有效结合中国和巴西两大水电巨人的优势创造新高度，如何在巴西极其复杂的行业、税务、劳工和环保监管下稳步前行，都是更有挑战性的工作。不得不承认，中国和巴西的文化差异是明显的、全方位的，我们有完全不同的民族历史、政治生态、经济模式、社会习俗、商业惯例和监管规则。差异有双面性，从一个角度看，差异意味着多元。因为有差异，才可能互相学习，融合了差异，也释放了能量。从另一个角度看，差异也意味着风险。中国很多优秀的企业遭遇海外并购的失败，都是因为没有理性对待差异。就像中国某前任驻外大使发出的质疑："为什么我们的游泳冠军，会常常在一个国外的小池塘里溺水？"

第四，三峡集团有很多有情怀、有使命感、有责任心的同事。他们的睿智、担当和气度，令人钦佩和感动。一位同事在中标那一刻，极力克制自己激动的眼泪，让我们看到我国水电人、国际人心中浓浓的情感。他说："当主持人宣布三峡集团以封顶价中标时，突然一股暖流涌上心头，双目湿润了。我们平静地相互握手后，走出竞拍区域。真的太激动人心了！我职业生涯中经历了无数次投标，但时间如此紧、标的如此大、标价如此完美，这还是第一次，不能不激动！"

记者：您认为，这么大的并购项目能在这么短的时间内拿下，得益于哪些因素？

答：我觉得还是天时、地利、人和的综合因素：第一，得益于国家对企业"走出去"的大力支持。国家出台了很多有利于企业"走出去"的政策，同时，有关政府部门，包括中国驻巴西使领馆，拥有十分职业的干部队伍，他们对市场大势和项目机会有很深刻和专业的理解，增强了企业的信心。第二，得益于三峡集团在巴西的清晰战略。经过五年多的深入研究，三峡集团已经把巴西作为重要优先市场，对于当前是巴西存量资产并购的窗口期早就达成了共识，而且通过收购特伦福电力公司作出了成功的尝试。这样，机会来时，我们是做好了准备的，能够迅速动员、精准判断和科学决策。第三，得益于过去两年多来我们在巴西市场的实践积累。三峡巴西公司在经营5个水电站和11个风电场的过程中，加深了对市场的理解，建设了一支有专业素养、富有战斗力的职业团队。在近距离听惯了炮声、开展了多起大型并购案后，这支队伍能够打好这一场战役。第四，得益于全球经济复苏期和巴西当前经济调整期提供的机遇。巴西本土企业和在巴西的外资企业均没有资金实力参与这两个大型并购，而对于在巴西尚未开展业务的国际企业，短时间看透市场、看准机会是一个巨大的挑战。就连巴西复杂的形式上和流程上的文牍主义的要求，新进企业都难以满足。

没有止步

为了工作方便，我们为每个项目都取了一个以宝石命名的代号。朱比亚和伊利亚这两个项目因同步操作，被联合命名为翡翠岛（Jade Island）。朱比亚水电站被取名为翡翠（Jade）；伊利亚的原意为孤独的岛屿，被简称为岛（Island）。这个项目从2015年10月初启动，到2016年1月初完成交割，共历时3个月，把三峡巴西一个名不见经传的后来者，送上巴西第二大私营电力企业的宝座。这一切对于三峡集团来说，似乎来得太突然。

三峡巴西公司创建于2013年10月。2014年6月签署协议与葡萄牙电力巴西公司联合投资两个中型水电项目，分别是加利水电站（装机37.4万千瓦）和卡什瑞拉水电站（装机21.9万千瓦），以及与葡萄牙电力巴西公司和巴西国家电力福纳斯公司联合投资的圣玛诺埃尔水电站项目（装机70万千瓦）。2014年12月，与葡萄牙电力新能源公司签署11座风电场合作投资协议，项目总装机32.8万千瓦。上述这些与葡萄牙电力合作的项目，统称为祖母绿项目（Emerald）。2015年6月，三峡巴西并购特伦福电力公司两座水电站，分别是萨尔托水电站（装机11.6万千瓦）和格利保吉水电站（装机19.2万千瓦）。这两个项目的代号是托帕石项目（Topaz）。也就是说，在三峡巴西竞拍翡翠岛项目时，已经拥有可控和权益装机100万千瓦，是巴西前十大发电企业。

而成功获得翡翠岛项目特许权后，三峡巴西也没有停止前进的脚步。一年以后，2016年12月，三峡巴西并购杜克能源巴西公司资产，共10座水电站，总装机220万千瓦。杜克巴西资产项目在三峡内部被称为钻石项目（Diamond）。杜克能源是美国最大的公共事业公司，20世纪末，在全球电力行业私有化、市场化、去监管化的时代大潮中，大举进军国际市场，在中东、东南亚和拉美进行扩张。1999年，巴西电力市场改革背景下推出国有电力资产私有化，杜克能源赢得巴拉那帕内玛河上8座梯级水电站的特许经营权，连同后来自行开发的两座小水电站，形成10座电站资产，并在巴西进行稳健的经营。在相同的背景下，全球很多知名电力企业都到巴西开展业务，包括法气、法电、葡萄牙电力公司（EDP）、西电、意大利国家电力公司（Enel）、美国爱依斯（AES）等。

杜克能源回归监管业务有其合理性。公共事业公司开展商业类经营活动，似乎有两个道理讲不通。一个是法理上的，一个是商理上的。从法理上讲，公共事业公司应该尽可能降低成本，获取社会平均回报，为股东分红。某些效率高的公共事业公司，可以赚取比行业稍高的回报，但不会太高。而如果整个行业的回报都偏高的话，监管部门会重新核定回报水平，拉低回报，使回报水平重回社会平均水平。也就是说，公共事业公司在进行正常分红后，一般不会或者不应该有大笔富余资金进行商业类业务扩张。从商理上讲，公共事业公司需要很强的成本管理能力、稳健甚至保守的企业文化，为客户提供可靠的服务，为股东创造稳定的现金流。而投资公共事业公司的股东，追求的是低风险、稳定回报，而不是高风险、高回报。一个公共事业公司，大举进军商业竞争类业务，会让投资人无所适从。我所说的公共事业公司，特指盈利模式受高度监管的企业，不包括市场化经营的独立发电商。

我不知道杜克能源决定开展国际化业务是否受了安然曾经辉煌的诱惑；也不知道刚刚出海就想上岸，是不是受了安然破产事件的影响。据我对杜克能源的了解，不排除这种可能。

不管怎么说，杜克能源的国际化战略是昙花一现。虽然主体资产持有了17年之久，但从最开始就一直在找机会出局。三峡集团最早与杜克能源接触是在2009年。当时杜克能源已经进行了十分深入的分析，出售这些资产面临资本回流美国的税收问题，而这个问题，同样使三峡与杜克能源的首轮谈判陷入僵局。时光荏苒，5年以后的2016年，双方还是如愿达成合作，由三峡巴西接手杜克巴西资产。

从2013年10月三峡巴西设立，到2016年底的三年多的时间里，三峡巴西的装机容量达到828万千瓦，资产分布在10个州，是巴西第二大私营发电企业、第一大私营清洁能源公司。用宝石命名的这些并购和开发项目，也形成了一个光彩夺目的宝石串链。

对于三峡集团在巴西的投资，祖母绿项目（2013—2014年）是进入市场的途径，通过与葡萄牙电力和巴西国电的合作实现起步，并且坐在副驾驶的位置上，观察路况，学习驾驶，积累经验。托帕石项目（2014—2015年）是小试牛刀的项目，首次尝试自己开车，选择了一个规模适中的项目，建立自己的组织体系和核心能力。翡翠岛项目（2015—2016年）是厚积薄发，基于前期的基础和市场出现的难得机遇，实现跨越式发展，奠定了巴西第二大私营发电企业的地位。而钻石项目（2016—2017年）是以实现协同、挖掘潜力、创造价值为根本目的的。

价值创造的逻辑

罗伯特·戈伊苏埃塔（Roberto Crispulo Goizueta）在1981年至1997年期间担任可口可乐首席执行官。16年时间，他带领团队把公司市值从43亿美元提升至1470亿美元。这位传奇财富创造者是这样描述可口可乐公司的："我们筹措资金去制造浓缩糖浆，出售并获得营业利润，然后支付资金成本，股东将差额纳入囊中。"我认为这段话简洁而深刻地说明了企业经营的本质。任何一个行业的企业，都可以用这样的方式去描述，只需要把"浓缩糖浆"换成相应的商品或服务。永远不变的，是资金成本的存在，不管资金来自股东还是债主。支付了股东和债主的资金成本以后的剩余部分，才是股东真正的收益，是企业创造的价值。企业创造价值的能力，是评价企业的重要标准。

常见的盈利能力指标包括销售利润率（ROS，return on sales）、总资产回报率（ROA，return on assets）和净资产回报率（ROE，return on equity）。这些指标的分子都是企业的净利润。如果分母是销售收入，那得出的指标就是销售利润率，它反映的是销售收入中的利润水平。如果分母换成总资产，得出的指标就是总资产回报率，它反映的是企业总资产创造利润的能力。如果分母换成净资产，就得到净资产回报率，它描述的是股东投入的资本创造的利润，是股东回报水平最常用的计量指标。

股东最需要关注净资产回报率。经营者评价企业运营情况，或者股东评价经营者的履职情况，都需要从这个指标出发，理解其背后的逻辑。

股东投入企业的权益，并不直接产生利润。净资产回报率并没有直接反映企业运营的逻辑。我们可以把企业运营机械地分解为如下步骤：

第一步，股权资金吸引债权资金，共同形成公司可用的资金（资源），供企业经营者支配使用。债权资金一般来说比股权资金成本低，而两者在企业经营活动中的创造价值能力没有差异，因此债权资金对股权资金有收益放大的作用。我们把总资产除以净资产所得的值称为财务杠杆率。

第二步，企业经营者使用股权资金和债权资金去开展经营活动，生产产品和服务，并出售给客户，形成销售收入。对于同一个行业，一般来说，资产规模越大，形成的销售收入也越大。使用同一个规模的资产，产生的销售收入越大，说明企业经营的效率越高。我们把销售收入除以总资产规模所得的值称为总资产周转率。

第三步，企业的销售收入，在支付销售成本后，形成销售利润。然后按照约定偿还债权资金的成本，根据法律规定缴纳税款，剩下的就是净利润。如前所述，我们把净利润除以销售收入所得的值称为销售利润率。

把这三个步骤中的财务杠杆率、总资产周转率和销售利润率相乘，就得到净资产收益率[（总资产÷净资产）×（销售收入÷总资产）×（净利润÷销售收入）＝净利润÷净资产]。这人为分解的三个步骤，反映了企业经营的基本逻辑，即以企业为平台筹集资本，通过使用资本创造销售收入，通过销售收入实现利润，通过财务杠杆提升资本回报水平。由于资本逐利的属性，不同行业的优秀企业，净资产收益率应该不会相差过大。但形成净资产收益率的两个重要指标——总资产周转率和销售利润率，会随行业变化有很大的不同。

比如，建筑类企业的总资产周转率往往很高，也就是说，它们用较小的资产规模，实现了较大的销售收入。但建筑类企业的销售利润率往往较低，也就是销售收入中只有很小的一块是利润。较高的总资产周转率和较低的销售利润率，共同形成了合理的净资产回报率。类似属性的企业还包括连锁零售行业。比如，沃尔玛公司在2019年的销售收入是5239.64亿美元，净利润是148.81亿美元。总资产2278.96亿美元，其中股东权益为805.93亿美元。通过计算，沃尔玛在2019年的销售利润率仅为2.84%，但总资产周转率达到2.30，通过2.83的财务杠杆率，实现了不错的18.46%的净资产收益率。

重资产类行业，比如电力行业，需要巨额的前期投入，形成庞大的资产规模。它们用较大的资产规模形成相对较小的销售收入，但销售利润率往往较高。较低的总资产周转率和较高的销售利润率，共同形成相对合理的净资产收益率。比如，魁北克水电2019年实现销售收入140.21亿美元，净利润29.23亿美元。总资产785.63亿美元，其中股东权益为214.48亿美元。通过计算，魁北克水电在2019年的销售利润率高达20.84%，但总资产周转率仅为0.18，通过3.66的财务杠杆率，实现了13.63%的净资产收益率。

长期看，沃尔玛和魁北克水电的股东，他们获取的净资产收益率可能没有根本性差别，但是资本创造价值的路径却完全不同。因此，要想评价一家企业的真实运营状况，需要在同一个行业内评价，在把净资产收益率作为核心指标外，还有必要考察企业的销售利润率和总资产周转率。前者更多地反映一家企业的产品能力，包括用更低的生产成本、更可靠的质量、更好的品牌价值、更优的产品价格，使得每一份销售收入中都有较好的利润。后者更多地反映一家企业的运行效率，也就是企业如何更高效率地使用股东和贷款人的资本，更快速地形成生产能力和更大的销售收入。

对企业的评价，更多的时候，是企业出资人对企业经营者的评价。前文提到的净资产收益率、销售利润率和总资产周转率三个指标，基本可以反映企业经营管理水平。但企业经营者对财务杠杆的使用，会直接影响净资产收益率。在一个完美的市场里，由于债权资本比股权资本便宜，企业经营者会通过借债，提高股东的回报水平。随着债务比例的提高，债权人会认为风险增大进而提高利率，直至让企业经营者觉得无利可图为止，从而实现一个最优的资本结构。但现实世界并非完全如此，每一个人都有自己的风险收益偏好，资本市场也远非完美。有些企业可能利用财务杠杆效应，提高短期净资产收益水平，但对企业长期经营未必有利。因此，有必要选择一个不考虑资本结构影响的指标，也就是不管钱是谁出的，只管这些钱的使用效率如何。投入资本回报率（ROIC，return on invested capital）

可以比较完美地解决这个问题。

投入资本回报率是息前税后销售利润与投入资本的比值。息前税后销售利润又称税后净营业利润（NOPAT，net operating profit after tax），计算公式为息税前利润（EBIT, earning before interest and tax）×（1-所得税税率）。换一个角度讲，就是企业创造的收益会分为三个部分：股东的利润、债权人的利息、政府的税收。投入资本回报率的分子就是前两部分，即缴纳了所得税后留给股东和债权人的收益。特别需要强调的是，这个收益要扣除非经常性损益，以真实反映企业使用资本的效率。

投入资本回报率的分母是投入资本，简单地说，就是股东投入的资本和债权人提供的借款之和，但要减掉两个重要项目，一是超额现金，二是非经营性资产。因为这两个扣减项都不是产生分子——税后净营业利润——的基础，也不反映企业的经营能力。ROE中的E，包含了股东投入的所有资本；ROIC中的IC，则在股东和债权人投入的资本基础上，扣除了超额现金和非经营性资产。如果一家企业有大量的富余现金，既没有分红也没有用来扩大经营，ROE会被拉低，ROIC则不会受此特殊情形的干扰。更为重要的是，ROIC没有区分股权和债权，没有体现资本结构的影响，可以更加客观地反映企业经营者使用资本的效率和效果。不同企业受外部因素影响，获得的债务成本差异较大。这些差异，有时并不完全取决于企业自身的能力。有的时候，企业经营者使用更多的债务资金，避免使用股东资金，拉高了ROE，也会损害股东的利益。

由此可见，ROE和ROIC既有相通之处，又非常不同。ROE中的R，是会计角度的净利润，会包含当期非经常性损益，比如出售资产（不是其主营业务）形成的损益，会直接影响ROE水平。而ROIC中的R，包含了股权和债权的收益，剔除了非经常性损益，更客观地反映了企业的持续创造价值的能力。

ROIC大于加权资金成本（WACC），就是创造了价值。

美好的并购之后

巴西电力工业是高度市场化的。市场的特点是竞争，竞争的目的是优胜劣汰，优胜劣汰的目的是总体水平的提升。这对我们有两点特别的启示：一是在长期的竞争中，各个企业都要不停地提升自身能力，提高竞争力，因此巴西电力行业总体呈现较高的水平，电站开发和运营的成本都控制得很好，这是"优胜"的一面；二是在这样的竞争中，巴西传统国有企业处于竞争的劣势，经营情况举步维艰，部分企业甚至可能退出市场，这是"劣汰"的一面。

市场的竞争，核心是人才的竞争。中国企业"走出去"的规模越来越大、面临的环境越来越复杂、开展的业务越来越高端。"走出去"业务的快速升级，对海外经营人员提出了更高的要求，而现行的海外人才管理体系，已经无法满足中国企业"走出去"的现实需要。在未来与全球企业竞争的舞台上，我国企业如果不能尽早实现"选得出、派得动、用得好、回得来"，将在竞争中处于劣势，会带来系统性的风险。

三峡集团通过建设三峡、开发长江，以史无前例的密集度，积累了大水电开发的丰富经验，也形成了很好的投资能力。产业能力和投资能力的积累，需要寻找出口，要去释放能力和创造价值，而海外市场提供了广阔的舞台。完全从市场的角度，我想这就是我们"走出去"的原生动力。

同时，也应该客观地看到，我们海外能源投资业务还处于起步期，还没有足够深厚的积累，还没有形成大规模开展海外业务的体系和框架，更缺乏在成熟市场全面参与竞争的经历。我们在国内练就的一身过硬的本领，还没有经历很多海外市场竞争的风雨，但是我们充满激情，要扬帆起航。

三峡集团大举进军巴西，能否长期和稳健经营，还需要不懈的努力。我们的指导原则，就是回归事物的本原，按照最基本的规律办事，比如按经营企业的方式经营企业。

第四章
美好的跨国并购

我们投入12亿美元收购杜克巴西资产后,很多合作伙伴纷纷表示祝贺。我常常反问的问题是:我们确实拥有了10座水电站,但是我们的12亿美元没有了!谁能证明给我看,这10座水电站和12亿美元哪个更有价值?可以从以下几个角度检视这个问题。

第一,从资金成本角度看。12亿美元投资收购了杜克巴西的水电站,就意味着这12亿美元不能另作他用,比如不能用于购买秘鲁的水电站,不能用于在巴西购买风电资产,不能用于购买美国电力企业的股票,等等。从企业经营角度讲,购买杜克巴西电力资产需要有足够的回报,并且要足以高过放弃的机会所能带来的回报。把视角上移到股东层面,也可以这样理解,如果三峡集团不进行这笔投资,而是把这笔钱通过分红或减资等手段分给股东,股东是否可以用这笔钱进行更好的投资。有时我们会听到这样的说法:我们的海外投资都是赚钱的。这种表述其实有待商榷。什么叫赚钱了?如果仅仅是会计口径的净利润为正,甚至一定时期内净利润率还挺高,这是否能说明投资是成功的?是否能说明持有这10座水电站比持有12亿美元的现金更有价值?加权平均资金成本(WACC)是一个很好的工具,只有投资资本回报高于WACC时,才能说项目是成功的,投资创造了额外的经济价值(EVA)。所以,这也是融资融得好与不好的问题。

第二,从资产管理角度看。对于一项资产的估值,最常见的方法是未来的自由现金流量折现。自由现金流量,就是企业产生的、在满足了企业持续经营再投资需要之后剩余的现金流量。这部分现金流量是在不影响公司持续发展的前提下可供分配给企业资本供应者的最大现金额。潜在买家在当前支付一笔资金以换取这些未来的现金流,实现一定的回报。这里面有三个核心因素——未来的收入、未来的成本、资金成本(折现率),三个因素决定了交易是否可行。无论是买家和卖家的博弈,还是不同买家之间的竞争,都脱离不开这三个因素。如果买家和卖家都是同行企业,资产未来能带来的现金流大体相当,那么就看谁的资金成本更低。而资金成本无非是比谁借钱更便宜、谁的回报期望更低。如果大家借钱的成本相当,那就变成资金回报期待的比拼。显然这不是大家期待看到的情形，那就要回去检视现金流的因素了：谁能把未来的营销做得更好以得到更高的收入，谁能用更低的成本实现资产的良好运营。那在这个交易里，我们就要问：三峡集团为什么能比杜克能源或者其他竞买者营销做得更好、成本控制得更低？所以，这更多是资产经营得好与不好的问题。

第三，从产业投资角度看。同样一个资产，对不同人有不同的价值。这首先取决于当事人对行业和资产本身的认识。对于杜克能源来说，他们出售的不是"水电资产"，而是"商业资产"，也就是说，杜克能源希望回归到公共事业公司，出售这笔资产是战略性退出，而不是简单的商业性考量。也就是说，他们头脑中的问题，不是这块资产是留在杜克更有价值还是出售给别人更有价值，而是留下来合不合适、符不符合战略。他们要考虑的，是在这个市场中，在这个时点上，谁出的价格更高。在和三峡竞争的买家中，有更青睐中小型项目的综合基础设施企业，有更看好未来风电发展机遇的跨国电力企业，而三峡是专注于大型水电资产的公司，那这块资产对于三峡集团就更有价值。其次是行业时点的问题，当前价值在价格波动大周期里的位置问题，当前时点的资产价格与当前时点对应的风险判断问题。所以，这更多是交易做得好与不好的问题。

三峡巴西通过并购创造了很好的价值，根据上述的三个角度，简要地分析如下。

第一，融资角度。三峡巴西邀请产业基金一起投资杜克巴西项目，充分利用了基金的投资能力，体现了一定的成本优势。同时，杜克巴西公司是一家上市公司，三峡巴西并购后，把一家"守业"的发电公司变成一个规模更大、发展前景更好的大型电力公司的一部分，获得了在巴西的最高信用评级，实现了本地无担保发行企业债券，降低了融资成本。

2018年10月4日，三峡巴西公司下属帕河能源公司的巴西境内信用评级为AAA。AAA是巴西境内企业信用评级的最高级别。同时，穆迪公司对帕河能源公司的全球范围信用评级是BB，优于巴西国家的全球范围信用评级BB-，展示出穆迪公司对帕河能源公司的经营管理和财务模式的高度认可，同时也是对三峡巴西公司近两年并购后管理模式的高度认可。良好的经营状况、强劲有力的现金流预测、谨慎的风险管理模式及稳健的财务指标，都向金融市场传递了正面和积极的信号。

第二，管理角度。杜克巴西的资产主要分布在巴拉那河的支流上，距离三峡巴西现有资产很近，有很强的管理协同效应，可以大幅降低运营维护成本。同时，三峡巴西现有的共享服务中心、重要职能管理都可以有效延伸到杜克巴西资产，可以实现"即插即用"（plug and play），实现了规模效应。从电能营销角度，杜克巴西220万千瓦装机全部在自由市场销售，而三峡巴西原有600万千瓦装机中，有约70%是在监管市场销售，也就是说在30年周期里，这部分营收是基本稳定和可预见的，而另外30%在自由市场销售。孤立地看杜克巴西资产，全部暴露在自由市场中的产品营销策略会走向保守，无法承担太多的营销风险，所以他们的营销策略就会自然而然地走向中长期锁定的保守路线。这些资产装入三峡巴西更加均衡的资产包里，有了合并后50%的固定营收，公司可以采取更加激进的销售策略，从而可以获得更加可观的收入。

第三，交易角度。三峡集团如何看待2015年的巴西？如何看待之后20年的巴西？如何看待这个周期里水电资产的价值？三峡集团是一个长期战略投资人，不过分计较巴西经济的短期波动，相信巴西会有美好的明天。三峡集团对水电有着超乎寻常的青睐，这是这家企业DNA的一部分，不可改变。这里很难进行理性的分析，不能用对与不对、好与不好去评价。任何一家企业都有这样或那样的信仰。

第五章
能力创造价值

企业存在的目的是创造价值,价值创造的途径是卓越能力。

企业存在的目的是创造价值

在市场竞争环境中,价值创造只能通过企业能力得以实现。一般来说,企业能力居中,可得中等业绩;企业能力拙劣,可能被市场淘汰;只有企业能力卓越,才能在竞争中处于优势地位,创造更大的价值。在经济全球化的今天,越来越多的企业走出国门,在国际市场中参与竞争,在全球价值链中追逐利益。还有大量的企业,虽然没有到国外开展运营,但同样不可避免地被裹挟到全球化的大潮中,成为全球价值链中的一分子。国际市场环境复杂、风险多发,需要更加独特的能力,才能管好风险、获得收益。国家提出"培育具有全球竞争力的世界一流企业",而所谓全球竞争力最终要落脚到在具体国别市场上的竞争力,同时体现在全球科学布局和协同能力上。跨国企业在利用"两个市场"、统筹"两种资源"之外,也有协同"两种能力"的问题。有很多优秀企业,在母国经营驾轻就熟,能够创造较好业绩,但进入海外市场却经常发现事与愿违,一身武艺没有办法施展,有的甚至铩羽而归。其中原因很多,但从"能力创造价值"这个逻辑去看,其根本原因还在于企业能力没能在属地国落地,没有建立起在属地国"管用"的能力。应通过能力外部输入和属地构建,使跨国企业具备在属地国"管用"的核心专业能力和调和文化差异能力,并做好跨国企业在全球范围内的布局与协同。

企业能力有地域性

一是文化特征使然。

"入乡随俗,入国问禁。"任何一个国家都有其特有的文化,在地理相邻甚至语言相通的国家亦是如此。企业能力由人承载,人的地域性决定了文化的地域性,文化的地域性又决定了企业能力的地域性。商业角度的文化有很多定义，其中之一是艾德佳·沙因（Edgar Schein）提出的，"文化是一个群体解决问题和调节两难境况的方式"。这个定义很好地诠释了文化地域性差异的本质。学界有很多文化差异分析的框架，包括爱德华·霍尔（Edward Hall）、佛罗伦斯·克拉克洪（Florence Kluckhohn）和弗雷德·斯多特贝克（Fred Strodtbeck）、吉尔特·霍夫斯泰德（Geert Hofstede）以及冯斯·琼潘纳斯（Fons Trompenaars）等学者提出的理论模型，可以供跨国经营从业者参考。其中，以琼潘纳斯为主提出了文化差异分析的七个维度，包括：基于规则还是基于关系、个人主义还是集体主义、中性还是感性、就事论事还是因人制宜、纯粹基于个人成就还是基于多方归因、对待时间的态度[包括两个方面：一是长期思维还是当下思维，二是单作业（sequential）思维还是多作业（synchronous）思维]和对自然环境的态度（人类控制自然还是自然控制人类）。上述维度在文化差异分析中很有借鉴意义，比如英国石油在美国漏油事件的案例可以说明"中性还是感性"这一文化差异的重要性。2010年4月10日，英国石油在美国深水地平线的一个油井爆炸，造成11人死亡、多人受伤，原油倾泻墨西哥湾，引发环保灾难。英国石油因此付出了约620亿美元的代价。事件发生后，清污工作虽然有序进行，英国石油也拥有强大的公共沟通管理能力，但巨大的文化冲突使这些能力无法有效发挥作用。例如，英国石油美国公司首席执行官在多次公共表态中，明显地表现出了英国式的冷静、专业和中性的态度，而美国公众则期待歉意、同情和悲伤的感性表达。这种文化冲突令美国社会十分愤怒，也极大地恶化了事态的发展（甚至有人半开玩笑地说，该首席执行官的英式口音也起了负面作用），英国石油最终为此付出了惨痛的代价。由此可见，正视、尊重与调和文化差异的能力是跨国企业能力建设中必不可少的内容。

二是市场特征塑造。

能力并不抽象存在，能力的另一面是挑战。没有挑战，能力也就无从谈起。有什么样的挑战，就塑造什么样的能力。企业通过更好地应对挑战，从而塑造出相应的核心专业能力并创造价值。这是企业能力地域性的另一种体现方式。

以水力发电行业为例。在一些国家，电力的销售要么是政府包销，要么是长期供电合同锁定，在发电企业的经营过程中，收入是相对确定的，企业提高经营业绩的重点被引导到生产领域，因而形成较强的运营能力。而在另一些国家，电力生产与营业收入不直接相关，只要电站达到一定的可利用率，就被认定为完成生产义务，而电力的营销要通过市场实现，因此，企业提高经营业绩的重点被引导到销售领域，形成较强的营销能力。如果来自前者国家的公司到后者国家投资，就会面临相当大的挑战，反之亦然。再如，一些国家的工程建设企业，受市场环境的影响，可能需要大量的自有员工，建设任务以自己的团队为主，工程管理能力基于内部管理力量形成。而在另一些国家，市场分工高度发达，工程建设公司通过联合或雇用合作伙伴完成工程建设，这就需要有强大的契约管理能力和体系构建能力。也就是说，不同的市场条件需要的是不同的企业能力。因此，跨国企业要适应不同的市场条件，塑造出与属地市场特征相适应的核心业务能力。

三是企业内部约束。

一个企业集团的能力，要基于一定的资源条件。既然一个企业集团有资源限制，就需要一个组织形式来实现资源的最佳分配。如何把承载能力的稀缺资源，包括人力资源，用于跨国经营，就成了能力输出的约束条件。

在组织方式和资源约束方面，有三种不健康的情形：一是遥控指挥型。很多世界级体量的跨国企业在海外经营，属地团队缺乏战略指引，没有充分授权，听到炮声的人没有决策权，一切听从母公司指令，企业集团能力的强大与属地公司能力的羸弱形成强烈的对比。组织方式的约束是根本原因，这类企业在属地是没有市场竞争力的。二是各自为战型。这是另外一个极端，就是企业集团对属地公司只要业绩，母公司和各属地公司各自为战，不做能力建设和协同。这也同样违背企业集团价值创造的原则，是组织方式的另一种"约束"，导致属地公司能力的平庸。三是自打乱仗型。如果说在特定的市场和行业，遥控指挥型和各自为战型还可以勉强生存，那么自打乱仗型若不及时调整，则可能危及生存。比如，应该由企业集团面对的重大战略问题，属地公司在承担；而该由属地公司承担的运营事务，母公司则进行不必要的干涉，导致火力失准，贻误战机。以上三种情形都是企业内部不恰当的组织形式导致企业集团与属地公司之间不能够很好协调，相互掣肘，从而影响属地公司能力的发挥，进而影响到公司整体全球竞争力的提升。

通过以上分析可知，由于国别文化、市场环境和内部组织等因素，不能想当然地认为，一个国家的优秀企业走出国门后仍然是优秀企业，而是需要认真对待能力建设问题。

属地化能力建设

属地公司的竞争力建设是跨国企业全球竞争力提升的必要条件和基础。跨国企业属地公司能力建设需从治理结构、组织方式和企业文化三个角度入手。通过治理结构激发能力的释放，是母公司和属地公司互动方式的总开关，决定了能力和资源的配置问题；通过组织形式促进能力的协同，解决的是核心能力的塑造和资源的流向问题；通过企业文化实现能力的融合，解决的是能力和资源的流动畅通问题。

一是用科学的公司治理结构激发能力的释放。

建立公司治理结构的目的是提高效率，它解决如何管的问题，更解决如何不管的问题。狭义的公司治理指所有者和经营者利益分配和控制关系。对于很多企业，一旦走出国门，其母公司就变成了"所有者"，其海外属地公司就变成了"经理人"，至少在观念上很多人是这么看待的，所以出于现实角度,从公司治理的框架去讨论这个问题是可行的。

公司治理的委托—代理理论(principal-agent theory)源于三个问题:信息不对称、监督难度大和激励不匹配。对于母公司和属地公司来说,这三个问题恰恰因为地域和文化的差异而显得十分突出。因此,很多公司就顺理成章地建立起复杂的治理结构去解决这三个问题,但随之而来的是高昂的代理成本。也就是说,本是一家企业经营管理的有机组成部分,本来可以一体化进行能力协同的业务单元,被生生地改造成了所有者和经理人关系,降低了效率,提高了成本,把管理问题变成了治理问题。

2015年巴西萨马尔克(Samarco)矿业公司发生垮坝事件,造成人员伤亡和严重的生态灾难,公司面对的索赔高达475亿美元。萨马尔克公司成立于1977年,由必和必拓公司和巴西淡水河谷公司各持50%股权。世界两大矿业巨头各自都具备很强的技术能力与风控能力,但这些能力是否有效传递到它们的合资公司?股东是否给了经理人过多的成本控制压力?政府、公众、股东、董事和经理人之间在环境、社会、安全、生产和成本上的考量如何实现协同?这些都属于公司治理的问题。在当今时代,公司治理需要全面考虑国际社会和本国政府、跨国企业和本地实践、非政府组织和相关国际法律等多重因素,才能实现全球思考、本地实践。

其实,对于一个成熟的跨国企业而言,是有能力通过内部组织能力,而不是通过代理人模式去解决信息不对称、监督难度大和激励不匹配这三个问题的。只有如此,企业在全球的业务单元才能真正实现资源共享、能力协同。但需要注意的是,这种一体化跨国管理模式,需要极强的组织能力和卓越的管理团队。很多企业,受自身能力限制,并不具备这样的能力,那么通过公司治理手段,比如设立董事会,实现母公司和属地公司一定程度的管理隔离,协调母公司和属地公司的能力对接,不失为一个较好的过渡模式,是当前现实情况下很多跨国企业合理和现实的选择。

二是用合理的企业组织结构促进能力的塑造。

由于具体经营活动发生在属地公司,应该以属地公司独立能力的建设为基础。同时，母公司通过能力输出和协同，提升属地公司的竞争力，发挥跨国企业的独特优势，从而实现价值的创造。

具体采用什么样的组织形式，取决于不同行业特点、不同公司战略，没有理论上的最佳模式，但无论如何，组织形式要符合企业现实，实用管用。比如，同属于电力企业的意大利国家电力公司、葡萄牙电力公司和美国杜克能源公司，这三家公司的海外经营就采取了完全不同的组织形式。意大利国家电力公司在全球采取业务板块负责制，比如其传统发电业务、输配电业务和新能源业务等板块都是垂直化全球管理，具体国别公司更多是法律形式上的代表，所有条线都垂直汇报，其经营责任也相应地主要由对应板块而不是国别公司负责。葡萄牙电力公司的国别公司采取混合体系（除了其新能源公司按全球板块管理），其巴西的发电板块和配电板块由葡电巴西公司管理并承担经营业绩责任。同时，两个板块垂直向母公司发电和配电板块仅负有通报责任，母公司两个板块只根据巴西公司提出的要求进行必要协助。美国杜克巴西公司则曾经采取较纯粹的属地国别管理方式，母公司向巴西公司施加绩效考核指标，不做具体业务管理，只做全球信息化系统、治理架构和资本结构等重大安排。

一家企业的能力大体包括三类。第一类是运营保障能力，主要包括物流、会计、基础税务和法律等。第二类是价值创造能力，主要包括市场营销、研发、融资和生产等。第三类是企业生态能力，主要包括公司治理、企业文化、内控合规等。上述分类可因市场而异、因行业而异、因公司而异。比如市场营销对于高度监管的业务，就不应该是价值创造能力，而对于消费品业务，就应该属于价值创造的核心能力。对于第一类能力，跨国企业应该全力进行属地能力建设，或者在条件具备的情况下，进行区域或全球共享。对于第二类能力，跨国企业应该以属地公司为载体，引入集团公司核心能力，让属地化能力更加卓越。对于第三类能力，跨国企业应该主导，在考虑属地公司特殊情况下，确定总体指导原则。

母公司管控的着力点不同，会产生截然不同的结果。如果跨国企业本末倒置，不专注于价值创造能力，而热衷于基础运营管理，那么，跨国企业对属地公司的能力建设将是一种负能量，甚至让属地公司无法和优秀的本土公司竞争，无法发挥作为跨国企业的优势。同时，跨国企业也不能一味追求价值创造能力而忽视企业生态能力建设，否则企业集团内部难以形成一致的核心价值观，内部业务单元貌合神离，难以实现长期可持续发展。

三是用优秀的企业文化实现能力的融合。

如果一个企业集团有科学的治理结构和合理的组织体系，那就具备了完整躯体。而其企业文化在企业集团各个区域、各个业务单元的协同，就像是血脉，让一个躯体有了生气和灵魂。没有企业文化的协同，躯体就失去了灵活性，就会像僵尸一样，缺失卓越企业该有的敏捷性。

前文提到的琼潘纳斯文化分析七维度框架中，有一个维度是对待时间的态度，其中一个重要文化差异体现在单作业思维和多作业思维上。根据该分析模型，德国、英国、美国等国家属于典型的单作业思维，日本、阿根廷、沙特阿拉伯等国家属于多作业思维。对于单作业思维的文化，既然事情要一件接着一件做，那工作计划就变得极其重要，每一件工作需要配置多少资源、占用多少时间，都要仔细评估。所以这类国家的公司在年初的时候就要制定公司日历，把公司的各种会议、各种重要节点计划清楚，然后各个团队围绕着这个共同的日历协同工作，完成预定任务。而对于多作业思维的文化，事情可以同时开展，各项工作在进展中可以根据内外部环境的变化，不停地去调整轻重缓急。时而聚集兵力打一个攻坚战，时而分散兵力全面推进，完全是一门艺术，一年下来，事情也往往可以做得很圆满。但问题在于，在跨国企业中如何调和各方的文化差异？如果一家跨国企业在各个国家都有业务，那么如何进行文化整合？一个多作业思维主导的企业，在一个单作业思维为主的国家投资，就会有冲突，反之亦然。试想一家属地公司在按部就班执行年度计划的过程中，不断接收到母公司的新指令，把工作计划打乱，属地公司的员工就会很焦虑，无所适从，有时无法在原计划工作之外按时完成临时任务；而母公司可能会认为属地公司缺乏执行能力。信任是合作的基石，一个小小的时间管理问题，将危及彼此的信任，而这背后的根源是文化差异。有时，母公司加强风险管理的良好初衷，反而变成了增大风险的源头，如果管理不善，小的文化冲突可以酿成严重的后果。

为此，应建立尊重差异的文化，做到"和而不同"。进行文化融合，重要的不是试图改变，而是适应。生物学家达尔文的《进化论》中有一句话："能够生存下来的物种，并不是那些最强壮的，也不是那些最聪明的，而是那些对变化作出最快反应的。"这句话对于商场竞争中的企业也同样适用。多元和包容（diversity and inclusion）曾一度是合规问题或法律问题，但现在，越来越多的企业认识到，多元和包容可以改善公司的业绩，推动公司的创新，让公司更加充满活力，更加具有吸引优秀人才加盟的能力（Deloitte，2014）。这在全球化和大众创业的时代，显得尤其重要。

多元和包容并不能自然而然地发生，需要强大的人力资本和企业文化管理能力。如果管理不好，多元不能产生包容，包容不能产生价值，反而会造成更大的冲突。根据德勤2014年的问卷调查，在多元和包容的重要性（紧迫性）方面，中国分位50（0为不重要，100为极重要）；在多元和包容的就绪程度方面，中国分位25（0为完全没有准备好，100为完全准备好了）。就重要性（紧迫性）与就绪程度的差距而言，中国企业名列第三。这说明我们在多元和包容方面还有很大需要提升的空间。

麦肯锡咨询公司曾撰文指出，越来越多的亚洲投资人海外并购，并不急于进行整合，而是让被并购企业相对独立运营。这颠覆了"并购、整合、兑现价值"的传统信条。这种策略在特定情况下是现实和理性的，推迟了文化冲突的挑战，但不能解决根本问题。长期来看，投资人在条件成熟时，还是要进行整合，直面和管理文化冲突，从而实现并购的战略价值和经济价值。

三峡巴西有八百多名员工，其中中方人员只有二十余人，是一家高度本地化的企业。对于属地化经营。我们认为，所有员工，不分国籍，都是三峡企业文化的信奉者，都是三峡企业价值的创造者，都是三峡核心能力的承载者。每一名员工的经验与能力，都是三峡企业能力的一个组成部分。这就要求企业有很强的多元和包容能力。

跨国企业的全球能力协同

在跨国企业拥有多家海外公司的情况下，其全球竞争力的提升还需要跨国企业具备在全球的布局与协同能力。克利斯托弗·巴特利特（Christopher Bartlett）和苏曼特拉·戈沙尔（Sumantra Ghoshal）在《跨境管理》一书中提出跨境管理中的跨国企业运行模式（transnational corporations），在这一模式下，集团的高度集成和属地的高响应性可以得到很好的结合。借助这一理论分析框架，结合我国跨国企业管理实践，我认为应从以下三个方面着力提升跨国企业的全球布局和协同能力。

一是通过知识的跨国流动和共享实现额外的价值创造。

成熟跨国企业的典型特征，应该是知识共享的国际化程度，而不是营业收入的国际份额，或是国际员工的比例。一家真正的跨国企业，每一个属地公司都是整个集团思想和能力的来源，能够让知识在企业里没有障碍地流动，让最佳实践得以快速传播利用，让经验教训得到最快速的分享，让颠覆性的想法催生新的业务增长点。有的公司，绝大部分产品销往海外，比如大量的代工企业，但仍可能是一个纯粹的本国企业；有的公司，在海外雇用了大量的基础劳动力，但仍不能成为真正的跨国企业。真正的跨国企业，应该是通过涉足海外市场实现额外的价值的创造，而额外价值的创造离不开知识和能力的跨国流动和共享。

二是通过专业分工实现优势互补和整体效益的提升。

一个属地公司如果能够专注于某些产品和服务，并实现规模经济效益，那这个属地公司就可以为集团其他区域生产这些产品或提供这些领域的专业服务。在这种模式下，属地公司不再仅仅是集团公司的一个业务单元，而是承载了集团公司的部分核心能力。当多个海外属地公司分别承载了集团公司的某种核心能力，集团公司就在全球形成了能力网络。这是国际化的一个较高的境界，也是一个自然而然、效益最大化的必然结果。因为不同的国家，可能某一方面的能力要优于母公司所在国，如果把核心能力都集中在母公司，显然没有充分享受到国际化的好处。以葡萄牙电力公司为例，其传统发电业务核心能力留在葡萄牙，而新能源核心能力建在西班牙，输配电业务核心能力则主要在巴西（虽然配电业务的主体在伊利亚半岛，但巴西独特的市场条件培育了其较强的专业能力）。一定程度上，正是因为这样的能力布局和协同，才使葡萄牙电力公司不单是一家葡萄牙企业，更是一个跨国企业。

三是通过网状管理实现跨国企业管理效率的提高。

当一个跨国企业的能力分散到不同国家时，就会带来母公司管理模式的革命性变化。为了适应这种生产力的变化，生产关系就要作出相应调整。传统的垂直管理不再适用，网状管理成为更好的模式。网状管理的背后，至少隐含这样几个理念：一要扁平化，减少不必要的层级。二要敏捷化，最快速地对市场变化作出反应。三要去中心化，分散授权，试错容错，发挥能动性。四要集成化，让"网络"最高效地运转。五要水平化，人人平等，上下一心，改垂直命令为水平影响。

跨国企业母公司的职责是管理其全球的专业和知识，让每个属地公司都能成为某些特殊能力的承载者，并让这些属地公司在一个好的体系中集成，有效地发挥作用。一个成功的跨国企业，应该同时具备全球能力、属地响应和创新学习三个特征，实现属地分散和母公司集中的最佳结合。而这种模式，无疑对企业的管理者提出了很高的要求。2017年3月22日，美国通用电气公司副董事长约翰·莱斯（John Rice）在其客户峰会上指出，通用电气有三个标签：一家美国公司，一家跨国企业，更是分布在世界各地的多个国别公司。他进一步谈到，依靠传统的组织结构图去管理这样一家企业集团已经不现实，需要放弃威权、充分授权。

践行网状管理的最大障碍是官僚主义和形式主义。我们国家面临反官僚主义和反形式主义的挑战，其实这种挑战在全球都存在。在我国很多国有企业中，官僚主义和形式主义屡禁不止，需要从根源上去下功夫。国际商业舞台风云变幻，竞争激烈，跨国企业在规模做大以后，往往会产生大企业病，滋生官僚主义和形式主义。在优胜劣汰的激烈市场竞争中，各大企业同样要与官僚主义和形式主义作斗争。美国通用电气公司杰克·韦尔奇和杰夫·伊梅尔特这两任首席执行官，共执掌公司37年（1981—2017年）。这两位企业领导者风格迥异但却有一个共同的特点，就是反对官僚主义和形式主义，提倡简单的管理之道。韦尔奇在其2001年卸任讲话中甚至说："我们要痛恨官僚主义，而且每天都要痛恨，而且不要畏惧使用痛恨这个词。"可以看出，企业与官僚主义的斗争永远在路上。

知识共享、专业分工与网状管理这三个特征，都有一个共同的使命：重新界定企业边界，让企业能力和智慧在集团内部无障碍或低成本流通，实现最大化的价值创造。相对于传统意义上雇员来自全球、生产分布全球、商品流向全球的跨国企业特征而言，智慧源自全球、能力跨境流动是企业跨国经营的更高形态。

在全球经济一体化的今天，人们常常用"地球村"来形容这个世界的紧密互联。然而，我们也应该看到，在更深层次上，全球化并没有使不同国家、不同文化变得更加相似。成功的跨国经营，本质上仍然是一个个国别市场的成功经营，而没有一个放之四海而皆准的模板。一定程度上看，并没有严格意义的国际化，只有经营的属地化和业务的全球化。一家跨国企业的核心能力与属地市场特征相结合，实现能力的落地和建设，是企业成功经营的基础。而通过一个一个国别市场的成功经营和能力建设，最终实现能力的全球布局和协同，可以更好地促进具体国别市场的经营，从而形成真正意义上的具有全球竞争力的世界一流企业。

第六章
风险与多元化经营

"鸡蛋装在不同的篮子里"还是"鸡蛋装在一个篮子里"?前者分散了鸡蛋,但你需要同时提几个篮子;后者你只需要提一个篮子,但鸡蛋被放在了一起。哪个更安全呢?

人类社会自远古以来，被一些伟大的发明创造分成不同的阶段。比如学会钻木取火让人类得以烹制安全美味的食物，学会发电让世界有了光明和动力，构建互联网让每个人都能随时随地获取信息和知识，这些都是彻底改变世界的发明。地球村不同角落的居民都不同程度地认为民主政治、资本市场、有限公司等现代发明是改变人类命运的伟大创造，让之前和之后的人类社会截然不同。

但是，彼得·伯恩斯坦（Peter Bernstein）说，让现代社会脱离之前漫长数千年的传统社会的，是人类对风险概念的掌握。自从人类知道未来不再是过去的简单重复，不是哪个超自然力量预先的安排，而是基于对风险和概率的理性认识，包括对风险的理解、评估和对后果的平衡，人类社会才得以进入真正意义上的现代社会。风险的承担和管理，让人类不再把未来当作敌人，而是看作机遇，看作无限多的可能，从而推动了经济的发展、技术的进步和生活质量的提高。

现代金融、保险都是基于风险的组合。大数据、人工智能依赖概率统计。据说，英语risk（风险）一词来自早期意大利语risicare，意思是to dare，"敢于"。现代企业就是通过敢于承担风险创造财富的。

专注还是多元

企业对风险的认识不同，就会有不同的经营理念。有人认为，我们专注一件事，把这一件事做得比别人好，按照比较优势，就可以赚更多的钱。但一旦这一件事搞砸了，公司就会出大问题。另一些人认为，为了更好地管理风险，应该多元化经营，不把鸡蛋放在一个篮子里，东边不亮西边亮。专业化聚焦和多元化经营是一个常见的两难选择。鸡蛋放在一个篮子里，虽然风险更大，但从另一个方面讲，如果你只提着一个篮子，也会提得更稳。

在分散风险方面，我们常常过多地从企业管理者角度思考，而从企业所有者角度思考不够。如果市场机制发育足够，企业所有者，也就是投资者，可以通过分散投资，入股不同的企业实现风险分散。从安全性来说，可以让几家企业分别提不同的篮子，而不是让每一家企业都提几个篮子。这对于整个社会是最高效的方式，也是鸡蛋最安全的方式。

现实社会中，极端的情形往往不存在，但思考极端情况有助于对事物本质的理解，正所谓"极高明而道中庸"。极端化的专业聚焦，比如一些公司只做牙膏，另一些公司只做牙刷，还有一些公司只做香皂，显然是不可取的。这虽然有助于企业把一件产品或一项服务做到极致，但过于单一的产品和服务，会让企业缺乏基本的抵抗风险的能力。大批企业不停兴起、不停衰落将是社会的常态，社会的运行成本太高，对社会来说是一种巨大的浪费。极端化的多元经营，就是一些企业提供了社会上所有类型的物品和服务，显然是不可能的。这种方式虽然最大限度地分散了风险，但我们有理由相信，这些全能型企业什么都做不好，每家企业之间也不会有明显的差异。

理查德·鲁梅尔特（Richard Rumelt）提出了相关性的分类方式，他用一家企业的营业收入来源构成作为分析的切入点，以此看一家企业共享的技术、生产和销售如何影响收入的构成。他把企业分为四类：①单一业务企业（single-business）95%以上的营业收入来自单一业务。丰田汽车、戴尔电脑、青岛啤酒、国家电网可能都属于单一业务企业。②优势业务企业（dominant-business）70%~95%的营业收入来自某一类型的业务。中国三峡、格力电器、中国建筑等企业可能属于该类企业。③关联业务企业（related-business）营收70%以下来自一个核心板块，同时还有其他相关联的板块协同运行。④非关联业务企业（unrelated-business）是典型的多元化经营，70%以下的营收来自一个核心板块，公司同时运行多种不相关的业务，也就是我们常说的综合企业集团（conglomerate）。伯克希尔·哈撒韦公司、华润集团、通用电气、复星集团和中信集团都属于典型的综合企业集团。

从常识的角度去看，如果一家多元化企业同时经营若干业务板块的效果优于这些板块分别由不同企业所有和经营，这种多元化才有意义。那有哪些因素会导致这种看似非理性的情形呢？最有说服力的，是规模经济，但规模经济往往只在同一业务板块或对经营要素有相同需求的不同板块才有效果。比如，现有的厂房、管理力量可以制造10万双手套，那么只需要增加不多的投入，就可以增加3万顶帽子的产能。还有一种特殊的规模经济，就是企业家才能。既然乔布斯可以把手机、电脑等电子设备做得这么好，那他的独特能力是否可以被更充分地利用，比如苹果公司也制造苹果牌的苹果酱？埃隆·马斯克就把他的超人才能"共享"得更加充分：电动汽车、太空计划、能源、地下交通。也有的企业多元化是为了上下游业务的集成，比如造纸厂进军林木行业以保证造纸厂原材料的供应。

一个能源集团是否要进军工程设计和建造行业，以保证自己的工程自己建，而不是去市场采购服务？当然，在一个完美的市场里，我们可以买到一切，而且质量可靠。但市场永远不是完美的。一家企业是通过购买（buy）还是自建（make）来获得经营要素，要看自身能力和市场条件。要知道，购买一个产品和服务，要保证价格合理、质量优良，远远不是一件简单的事情，这需要有很强的信息收集能力和谈判能力。面对价格波动性大的商品，如何保证成本的稳定性？面对供应量波动明显的商品，如何保证供应的稳定性？有的企业在无法通过复杂、精妙的合约关系获得商品或服务时，或者在交易成本过高时，就会本能地想通过自己建设一个板块，来实现该商品供应的稳定和可靠。而自建的问题是，一旦把供应内部化，企业将无法准确（有时是不想）获知自己供应的成本是否优于采购的成本，而一般来说，企业没有办法做得比专业化公司更好。内部化往往造成社会总成本的上升，但这种上升不是显而易见的。在苹果的乔布斯时代，大家往往把苹果的巨大成功归功于乔布斯罕见的创新精神，而时任副总裁的库克在全球建立的高度复杂、精妙的供应链体系，同样是苹果安身立命的根本所在。

有的企业把不同板块放在一个公司管理，是因为内部的资本便利。一个板块赚的钱，可以补充另一个板块的投资需要。这种假定也是基于外部市场失灵的情况，但这种假定似乎更能站得住脚。对这个世界上的绝大部分国家，资本市场是不可能足够灵敏的。要贷得一笔款项，需要解决大量的信息不对称的问题，开展大量的尽职调查和谈判。而如果这种交易放在一家企业内部就会便利很多。但这种便利也是有代价的，缺少了银行苛刻的尽职调查，企业难免会出现投资的随意性。

上文谈到的上下游集成和内部资金调配，都可以归结为交易成本问题。把事情放在一家企业内部做，交易成本最低。这也在一定程度上说明市场还没有足够发育，逼着企业不得不自己去解决很多本该由市场解决的问题。我们看到，美国市场上有越来越多体量巨大、行业单一的企业，各做各的事情，而拉丁美洲则有很多综合企业集团，一家企业就是一个商业帝国。这是由于美国市场发育程度相对较高，市场采购交易成本低廉，资本市场高度发达，而在拉美和东南亚，市场交易成本太高，资本只青睐富有的财阀，综合企业集团的模式就会更有效率。一个极端的表现形式就是，如果一个资本家建立起了庞大的政商关系网，那这个关系网就足以让他在任何一个领域游刃有余。

鲁梅尔特研究发现，1949年，美国70%的大型企业都是单一业务型或优势业务型，而到1969年，这一比例降到35%。而同期，非关联业务型企业占比从3.4%提高到19.4%。可见20世纪40年代到60年代，美国企业从专业化走向了多元化。后面有更多的学者沿着鲁梅尔特的足迹进一步研究。罗伯特·可曼特（Robert Comment）和格莱格·扎瑞尔（Gregg Jarrell）发现，从1978年到1989年，美国专注于一个行业的企业比例从36.2%上涨到63.9%，说明从20世纪70年代到80年代，美国公司变得更加专业化。有学者认为，这种专业化的趋势在近些年得到强化，部分原因是专业化同类企业的兼并重组。

多元化的代价

大部分学者倾向于认为,多元化模式不是一个高效率的模式。那美国20世纪五六十年代发生了什么,以致出现了一个多元化的热潮?这是一个见仁见智的问题。有人认为是反垄断制度约束了企业在同一领域的扩张,把企业逼向了多元发展。有人认为这与"二战"后特殊的政治、经济和社会环境有关。20世纪80年代以后的专业化趋势,可能是回归了因专业而卓越的经济规律,也可能是里根的新自由主义经济政策极大地促进了市场化竞争,而只有专注才能更好地应对市场竞争。在这些争辩过程中,都躲避不开一个特别的企业,那就是通用电气(GE)。通用电气在传奇首席执行官杰克·韦尔奇的带领下,从1981年到2001年,营业收入从250亿美元增长到1400亿美元,利润从15亿美元上升到127亿美元。在这个时期,以及杰夫·伊梅尔特接任后的相当长一段时期,通用电气通过兼并重组,变成了一个庞大的商业帝国,是典型的多元化经营模式。通用电气的辉煌,曾让笃信专业化经营的学者们手足无措。而通用电气近几年举步维艰的境遇,让一部分学者认为其没有逃过经济规律的惩罚。还有人可能提出另外一个反证,就是巴菲特老先生的商业帝国伯克希尔·哈撒韦公司,这也是一个多元化的传奇故事。但其实,这家公司旗下的实体企业的平均资本回报率只有8%。就连巴菲特自己都说过,等他过世后,公司价值会大涨,因为大家都知道,这家公司一旦分拆,会价值更高。

以上从理性的角度讨论了是否应该多元化的问题,讨论的出发点都是对企业最有利,也就是对股东最有利。但事实上,企业的重大决策权已经旁落到公司经营者手中,也就是东家说话不算数,掌柜的大权在握。这在股权高度分散的美国尤其明显。我们有时很难判断一个多元化的并购是为了管理层的利益,还是股东的利益。这就涉及公司治理中的委托—代理问题。一个首席执行官主导企业大举并购不相关的企业,损失公司长远发展利益,却可以换来管理者自己的利益,比如可以执掌更大的企业,可以通过制造经营的复杂性获得更高的薪酬。

企业经营者也不是没有约束，但需要一个非常灵敏的市场机制。在一家企业作出多元化并购或其他重大的多元化决策时，完美的资本市场会马上将这些决策可能产生的影响体现在企业估值中，形成新的股价。所以一家企业的股价反映了其未来的价值创造能力。如果市场是足够理性的，那么在一些非理性的并购或多元化行为发生时，股价会下跌。股价跌到一定程度后，就会有投资人看到这个价值洼地，进行并购，以期低价买入后把多元化的企业分拆卖出，赚取差价。这个过程中，企业的管理者往往会丢掉工作。这个机制，就会约束企业经营者在作出重大经营决策时必须足够理性。

传统的电力行业，是发电、输电、配电一体化，用户不需要关注电力公司内部发生了什么，只管缴纳一定的电费，并享受电力供应。其实，发电、输电和配电业务的差异十分显著，这种一体化经营（bundling）的本质是多元化经营。按照道理，这种模式应该是低效的，因为用户不知道内部的成本是多少，却要据实买单。为什么这种模式在电力工业历史的绝大部分时间得以持续，并且在今天仍然是很多国家的首选？这和交易成本有关。由于电力工业的复杂性、实时性，发电、输电和配电板块实际上需要大量的协调工作。协调的方式无非有两种：行政指令和市场机制。在有些市场，因为市场环境过于复杂，或者市场机制过于简单，必须依靠行政指令才能有效协调。要想使行政指令最有效，那放在一个企业集团下肯定最好。而当市场供需逐步稳定、市场机制足够精巧后，很多国家开始电力市场改革，让发电的做发电、输电的做输电、配电的做配电，形成专业化的运行模式。这就是巴西电力市场的基本模式。

巴西电力市场虽然实现了发电、输电和配电的分离，但仍然允许一家企业同时利用不同的子公司开展不同板块的业务，只要彼此不发生禁止的关联交易。有些电力企业只做一个板块，有些企业则选择横跨两个或三个板块。总体来说，选择一体化经营的电力企业的估值倍数，一般要低于专业的电力公司，也就是说，这些多元化的企业估值，要低于把企业拆分后估值的总和，说明市场确实给予了多元化经营折扣（diversification discount）。就从最常见的组合来看，很多电力企业都既有发电板块又有配电板块，看似可以在不同的年景分散风险，看似高度相关，但如果深入这个行业观察就会发现，发电企业和配电企业没有什么类似性和协同性。发电是运行站点，配电是运行网线；发电是一次性资本投入，配电是持续性的更新投入；发电企业是设备密集型，中型发电企业一般只有几百名员工，配电企业是劳动密集型，中型配电企业也需要数千人；发电企业往往只有几十几百个客户，以B2B为主，而配电企业要面对数百万个客户，是B2C；发电企业追求稳定可靠，配电企业追求精益求精；发电企业关注电能销售，配电企业倡导成本优先。这样两个板块，虽然都属电力行业，但从企业经营来看却是截然不同，所以把发电和配电放在一起更像是非关联多元化。

所以，多元化的概念需要更多地从根本上去理解，而不是看表面现象。一家中国发电企业到巴西开设公司，开展发电业务，这也是一种多元化。在中国做发电业务与在巴西做发电业务，所处的市场环境差异巨大。大到什么程度？大到发电业务的相似性，在市场环境的巨大差异面前已经微不足道。在中国做发电业务，你的电价是基本固定的，你需要做的就是用最低的成本把电发出来。生产是变数，销售是常数。在巴西做发电业务，各企业的发电成本经过市场多年的荡涤已经相差无几，达到最优；销售收入不取决于你的发电量，因为整个系统有一个峰谷互济机制；而电价取决于你与用户的双边谈判，是高度商品化的交易。生产是常数，销售是变数。从这个角度看，巴西的发电业务和中国的发电业务还是不是同一种业务？

多元化企业的内部控制成本非常高昂。若干业务相对单一的企业在市场中竞争，由资本市场对企业业绩进行评价。一个企业集团下辖多个业务单元的模式，相当于由企业集团对下属业务单元进行管控和评价。企业集团是否比资本市场更有效果？对于一个综合企业集团，每年的资本性开支分配就是一个大问题。这个过程在绝大部分企业集团中都难称科学、理性，业务单元和集团公司在信息不对称的情况下进行大量的博弈，有些不该扩张的单元获得更多的资本，而有些需要大力扩张的业务单元却因为不同原因——比如不善游说——而没有获得发展的宝贵资金。一个企业集团很难通过内部控制体系，实现业务单元管理者与企业集团的利益高度一致，在年度绩效考核时，也难以作出公平透明的评价。集团公司对业务单元管得多了，业务单元就抱怨不已，认为影响了其正常生产经营；集团公司对业务单元管得少了，任其发展，那为什么还要在一个企业集团中，为什么不分立？而对于业务相对单一的公司，就不存在这种双层管理的模式，不需要这样的控制系统，而是一体化的管理体系。综合企业集团与业务单元的管控，是一个成本高昂并且非常复杂的体系，这个矛盾在全世界任何一个地方都是非常突出的。

我们可以审视一个全新的现象。在传统行业，如果哪家企业胆敢盲目多元化扩张，资本市场将毫不留情地预见该企业未来的困境，并把那些困境转换为经济损失，体现在今天的股价上，简单、透明、直接。而资本市场对待一个新版本的综合企业集团则实行双重标准，至今还对其青睐有加。比如亚马逊收购全食超市（Whole Foods）；脸书（Facebook）从一个校园社交网络平台发展为涵盖通信、视频、社交等的全方位网络王国；谷歌不再只是搜索引擎，已经渗透到我们生活的方方面面；阿里巴巴和腾讯科技同样开展了大规模的多元化经营，建立了我们之前没有见过的新版的综合企业集团。我们需要思考的是，这种多元化的成功是因为科技行业的特殊性，还是因为行业周期还没有完全显现其弊端？让我们拭目以待。

专注与规模

一个市场和一个行业中，既需要大企业引领带动行业发展，为消费者提供稳定可靠的商品和服务，也需要中小企业在细分市场做专做精，为消费者提供差异化和个性化的商品和服务。从社会资源配置的大视角来看，如果资源总量固定，对于股东来说，既可以用一份资本做一家小企业，也可以用十份资本做一家中型企业，当然也可以用一百份资本做一家大型企业。从社会的资源效率角度来讲，未必大企业就一定效率最高。十家小企业可以坐在一起协商，也可以合并重组成为一家中型企业，要看这一家中型企业和原来那十家小型企业相比，哪个效率更高，哪种才是产业的最佳组织方式。一架空客380飞机与四架空客320相比，虽然运力和价格相当，但可能不够灵活。

那么多大的企业规模才是最合适的？我们可以从企业内部和企业外部来检视这个问题。

首先从内部角度讲，要管理有效。随着企业规模的扩大，管理的有效性会降低，企业会得"大企业病"，导致组织僵化、效率降低、成本增加。打一个不恰当的比方，昆虫没有血管，靠身体开放的系统与外部交换，体型稍大，这个呼吸交换系统就供应不上，所以昆虫都长不大。而哺乳动物的血管系统可以提高输送能力，因此体型可以长得更大。

科斯在《企业的本质》中论述到，企业的本质是资源配置的机制，企业与市场是两种可以互相替代的资源配置方式。在信息不完备的情况下，市场化交易可以变得十分复杂，交易成本很高。有些交易可以通过市场完成，有些交易可以在企业内完成。而企业内部的交易安排，不是靠价格驱动，而是通过企业经营者的管理协调完成。因此，企业是价格机制的替代物。

按照科斯的逻辑，当企业规模大到一定程度后，企业内部管理协调成本也会很高，用行政指令的便捷性规避市场交易的高昂成本，变得不那么可行。这个时候，直接通过市场交易变得更加经济。这个规模，就是企业增长的边界。《企业的本质》发表于1937年，当时的管理理论还不够完备，现代化的管理工具，诸如互联网、大数据等，还没有被应用。因此，今天的企业内部管理成本，可以因企业的管理水平不同形成更大的差异。苹果公司，可以达到惊人的2万亿美元的市值，仍然富有活力；沃尔玛公司，可以实现5000亿美元以上的营业收入，依然运转有序。

现代化管理理念和工具，不但降低了企业内部管理成本，提升了管理有效性，也大幅降低了市场化交易成本。在市场越来越透明、信息随处可得的时代，处在两个国家的企业，可以在没有见面的情况下实现合作。有的企业可以把生产环节完全外包，自己专注于设计和销售。有的企业把销售外包，自己专注于设计和生产。有的企业把会计、人力资源管理、信息化技术等我们一贯认为是企业"命根子"的职能外包给专业公司。这个时代背景催生了大量体量巨大但产品和服务单一的企业。这些"大而专"的企业，可以把资本使用效率用到极致。

说到这里，我们有必要讨论这样三种大企业，它们可以做得很大，但难以做强，即所谓的"大而不强"。这种情况在国有企业中尤为常见。

第一种是"大而散"，同质化严重。一家集团公司拥有数十家业务相同的子企业，受管理能力所限，各家子企业可能各自单兵作战，甚至互相竞争。身处一个集团，多少会有些协同效应，但同时也多了很多掣肘和约束。大企业永远在做两者的平衡。如果这些业务相同的子企业在一起的约束大于协同，理论上讲，它们更应该分立，释放这些约束。如果继续在一起，就应该按细分市场或细分产品原则，改组这些子企业，让每一家子企业都有独特的优势，增加协同效应。

第二种是"大而全"，能力不突出。有些企业，过度追求产业链的完整，内部基本可以自给自足。过多的内部交易，让内部成员单位远离激烈的市场竞争，成了温室里的花朵。同时，集团过多依靠内部单位，会形成管理惯性，接触不到市场中创新的理念和做法。长此以往，企业会变得没有活力，没有效率。这些企业应该思考哪些能力是自己行业的核心能力，坚持做强做优这些核心能力，让非核心部分市场化。比如房地产开发公司，一般来说就没有必要拥有自己的建设公司，完全可以通过外包的方式，更灵活、更经济地建设自己的项目。

第三种是"大而杂",缺乏协同性。一家企业集团拥有彼此不相关的多家子企业,就很难实现协同效应。这种"堆积木"方式形成的大企业,虽然体量大,却难以被视为一家企业。如果各家子企业都独立运营,它们更像是同一股东下的多家企业,而不是一家企业,这其实就是前文讨论的综合企业集团。

国企改革的一个重要使命就是解决"大而不强"的问题。

第三部分
跨国文化融合

PART

3

第七章
全球化漫谈

我们做事的方式不是唯一的,也不一定是最好的。

跨国公司

早餐吃的包子,牛肉可能来自巴西,面粉可能来自法国,蔬菜可能来自泰国,由中国的厨师加工制作。巴西的牛可能吃阿根廷的饲料长大,用德国的设备屠宰处置,用日本的船运到世界各地。法国的面粉可能使用了意大利的技术生产,通过荷兰的商人经销。你吃这顿包子的地点,可以是日本、加拿大、美国、荷兰等不同国家,因为中国制作的包子已经销往世界各地。

这件事情也不稀奇。两千多年前的古丝绸之路,已经实现了全球物品的流动。现代社会因为沟通更便捷、物流更通畅、机制更完备,让全球化得到了极大的深化,并催生了遍布世界的跨国公司。它们的分支机构遍布世界,既是跨国公司的有机组成部分,带有母公司的基本特征,又是所在国家商业生态中的一分子,按所在国家的规则运行和发展。这些跨国公司的深度本地化,是这一轮全球化的根本特征。

跨国公司位于多国的分支机构,在统一的决策机制下运行,拥有共同的战略和贯通的政策。联合国贸易和发展会议(UN Conference on Trade and Development,UNCTAD)估计,全球目前有8.2万家以上的跨国企业。这些跨国企业在国外拥有81万家子公司,雇用了7800万人,占有25%的全球经济产出、2/3的贸易额。跨国公司的子企业,已经对很多国家的产业和经济产生了巨大的影响。东道国政府对待外国投资兴业,在不同国家和不同时期,往往有不同的态度,外国投资威胁论时有发生。但越来越多的政府认识到,本国企业要想提高竞争力,应该通过利用外资,获取先进技术和管理经验。

迈克尔·格林格(Michael Geringer)等学者在《国际商务》一书中指出,跨国投资和贸易的迅速发展,受五个力量的驱动。一是政治驱动。越来越多的单一市场合作组织,比如北美自由贸易协议(NAFTA)和欧盟,促进了国家之间的经济往来。同时,越来越多的国家为了促进经济发展,逐步降低投资贸易门槛。很多国家的私有化浪潮，也进一步为跨国投资提供了更多的机会。二是技术驱动。信息化技术的发展，让不同国家之间的经贸往来变得十分便利，消费者得以了解全世界的产品。三是市场驱动。跨国企业受逐利的本能驱动，要到全球寻找商机。美国人口只占全球人口的5%，众多的美国企业希望到海外发掘另外95%人口的市场机会。学者也发现，很多企业走出国门，是为了保护自己的原有客户。因为很多客户作为跨国企业，会在全世界寻找供应商，所以有些企业跟随自己跨国大客户的脚步，涉足海外，并形成本土化的服务能力，让全球的供应链更加复杂和多元。四是成本驱动。海外市场可能制造成本更低、有优惠政策，能让自己的产品更有竞争力。有些企业在本国的研发投入和固定成本十分高昂，需要到海外拓展业务去摊薄成本。五是竞争力驱动。很多新兴经济体在汽车、电子设备等领域有了更强的竞争力，促使这些国家的企业到海外开疆拓土。也有些企业涉足海外市场是为了确保自己核心原材料的供应。

外国直接投资既有发达国家之间的流动，又有发达国家流向发展中国家以及发展中国家流向发达国家。近年来，随着南南合作的深入和新兴经济体的崛起，发展中国家之间的投资呈现急剧上升的趋势。在此背景下，外国直接投资的驱动力可能会变得更加复杂。

沃顿商学院教授霍华德·波尔马（Howard V. Perlmutter）说，在国际商业思维模式上，有本国中心主义（ethnocentric）、东道国中心主义（ploycentric）、地区中心主义（regiocentric）和全球中心主义（geocentric）。这四种模式构成了波尔马的EPRG模型。值得一提的是，这个理论并不涉及种族观念，而是反映跨国公司的经营哲学。

秉持本国中心主义的跨国公司往往会在海外的关键职位上使用本国外派人员，也往往给予本国人员更高的薪酬。它们更相信本国的员工、管理体系和做生意的方式。在巴西市场中我们观察到，来自南欧、东亚的很多跨国公司会秉持本国中心主义的经营理念。有的公司派出较大的团队，占据海外公司的关键岗位，或者名义上不占据关键岗位，但事实上有很大的监督权甚至决策权。有的公司在关键岗位设置"双负责人"或"影子岗位",一个来自母公司,一个来自东道国。也有的公司虽然派驻到海外公司的人员并不多,但也会单独建立一个"股东代表团队"或者"管控团队"的机构,对公司的日常管理进行紧密干预。

秉持东道国中心主义的跨国公司更关注文化的差异,认为外国的事务难以理解,只有东道国的员工才可以准确判断形势,作出正确判断。它们往往把海外子公司交由本地团队打理。这种情况经常发生在文化差异很大的市场。比如,某中国企业到巴西收购一家公司,中国企业的老板对巴西的管理团队说:"我们不了解巴西,把公司托付给你们,我相信你们能做好,拜托你们了。"

地区中心主义者倾向于认为一个区域有其共同的特点,在一个区域内去选择使用雇员。有一些美国公司,它们在南美洲区域内实行统一管理,区域内人才流动使用。比如,美国一家能源公司就把一位委内瑞拉人派往巴西担任总经理。当然,有人认为,南美洲的各个国家看起来相近,但又完全不同。

全球中心主义者,顾名思义,是按照全球化理念去构建一个跨国公司的人员配备和管理,选择员工的原则不是国籍,而是能力。好的人力资源和好的做法,可以来自任何跨国公司的任何一家子公司,实现全球化资源整合。有一种跨国公司,本身就来自"全球主义"的小型、富裕国家,比如荷兰、瑞士等。这些国家受规模、历史、文化等因素影响,没有特别强烈的国家意识,国民从小就在多元文化下长大。它们的商业世界简单而纯粹,谁能做好这项工作,就请谁来做。还有一种跨国公司,本身就是一个商业帝国,比如沃尔玛、联合利华等。它们有强大的跨国运作能力和精巧的管控体制机制,员工来自哪种文化变得不那么重要。这是我所观察到的全球中心主义跨国公司的两种常见情形。

当然,秉持何种理念,还取决于跨国公司的规模、发展阶段、所处行业等因素,并非完全是价值观的影响。不论哪种模式,都有很多成功的案例，也有很多失败的案例。渥太华大学教授乔纳森·卡洛夫（Jonathan L. Calof）在其1991年的博士论文研究中，发现全球中心主义的跨国公司业绩最好，东道国中心主义和区域中心主义次之，本国中心主义最差。虽然研究数据比较老，但这一个发现符合我们的直觉。

如果我们相信秉持全球中心主义观念的跨国企业会有更卓越的表现，那么卓越的根源在哪里？是因为在这样的企业里，人才的来源更广泛，因而人才的总体质量更高？还是因为在这样的企业里人才更富有多样性，而多元让企业更富有创新精神？我个人更倾向于相信后者。

多元文化

世界是多元的。东方和西方的思维方式有很多有趣的区别。儒家、佛教、天主教、基督新教、伊斯兰教影响下的人群也表现出明显的差异。即便地域和宗教相近的国家，其文化特征仍可能表现迥异。我们只要想一想中国、日本与韩国之间的文化差异，又或者美国、英国与加拿大，德国、法国与意大利，巴西、阿根廷与智利，伊朗、伊拉克与阿联酋之间鲜明的文化差异，可能就更加清楚这一点。可见"国界线"对文化的影响还是深远的。走进一个国家，不同地区，比如中国的北京和上海、美国的得克萨斯和纽约、巴西的圣保罗和里约、意大利的西西里和米兰，也是相当的不同。其实，一个城市中的两家公司也可能有完全不同的企业文化，两名员工坐在一起讨论问题，可能就是文化的碰撞。

生活中的文化差异，看起来是活泼有趣的，但在企业跨国经营中，这种有趣的差异往往会成为冲突的根源，有时会酿成严重的后果。差异永远存在，关键是如何看待差异。接受差异、尊重差异才是面对多元文化的应有态度。

韩国某知名汽车公司总裁视察其美国子公司，美国子公司员工在寒风中列队等候该总裁，成为韩国和美国文化冲突的一个经典案例，流传很广。而该总裁在抵达后几天内，怒斥和开除了多名美国高级雇员，成为文化冲突的后果。另一家韩国知名企业外派到巴西的经理，因友善但执着地劝说巴西同事饮酒，被人举报，导致公司遭受巨额罚款。如果说，美国人的观念是"你是老板，但我们是平等的，我们如果观点不同，我愿意听你的"，那么一些东亚国家的观念可能就是"你是老板，我尊敬你，我听你的"，而巴西人的观念更接近于"你是老板，但我们是平等的，我尊敬你，但我只做我分内的工作"。在此我无意冒犯任何文化，也完全明白这样的对比过于简单。

在东亚国家，下级称呼上级，有严格的礼仪规则，一般使用姓和职务。这些规则其实在中国已经变得没那么重要，据说在日本和韩国会被更严格地遵守。在美国，直呼其名更常见。美国通用电气的原首席执行官杰克·韦尔奇曾不无骄傲地说，通用电气公司数十万名员工都彼此直呼其名。而在巴西，仅直呼其名还显得不够，还要叫小名、叫昵称，比如萨莱奇被简称为萨、朱丽安娜被简称为朱，就连称呼总统也是如此。巴西前总统全名路易斯·伊纳西奥·卢拉·达席尔瓦，但不论盟友还是政敌都称其为卢拉。巴西前总统迪尔玛·罗塞夫女士，大家都叫她迪尔玛总统而不是罗塞夫总统，即使非常不喜欢她的人激烈批评她的时候，也多是如此称呼。这些现象，在一定程度上体现了等级文化（hierarchical）和平等文化（egalitarian）的差异。

三峡巴西的一位巴西籍高级雇员，计划去中国总部汇报工作，请中国同事帮助安排一些会议和拜访。出发前两个月的时候，他开始询问这些会议和拜访是否已经落实，被告知还没有。出发前一个月的时候，他再次询问，还是被告知没有落实。当他还有一周就出发的时候，部分高层拜访还没有最终敲定。他看着手机上花花绿绿、密密麻麻的电子日程表，变得很焦虑。他的中国同事安慰他，这很正常，总部很多领导的日程是高度弹性的，而且极易变化。事实上，他最重要的两个拜访，是在见面的当天早晨敲定的。

这位巴西同事经历的小小冲突，是对待时间的不同态度造成的，有学者将其总结为结构化（structured）的时间安排和灵活（flexible）的时间安排的差异。我觉得，用时间安排的差异去解释这种现象是流于表面的，更深层次的原因是：有的文化是按照事情的重要性和紧迫性安排时间的。如果一件事情更重要、更紧迫，大家不会介意把提前一个月安排好的事情取消或推迟，因为重要的事情就是优先事项，安排时间早晚不会改变重要性排序。我的这位同事可能不会理解，如果他来到中国，他想拜访的人即使时间排满了，但若已安排的工作没那么要紧，就会调整日程来欢迎他的到访。反之，即便这个人已经提前接受了他来访的安排，也可能会在出现更要紧的工作时，毫不犹豫地取消和他的见面。

三峡巴西的同事们，不管是总经理还是分析员，每个人都使用公司共享的日历管理系统。大家都知道每个人每天不同时间在做什么，因此可以彼此协调时间，安排会议。一般来说，一周内的工作可以完全确定，一个月以内的日历安排基本可以不做大的调整，三个月以内的重要工作也基本可以提前排定。而总部的同事们，更习惯于灵活地安排工作，不太愿意提前排定日程。值得强调的是，我们巴西公司的同事和总部的同事都能在各自熟悉的体系下高效开展工作，但是如果他们交叉共事，矛盾就会暴露出来。总部同事练就了随机应变的能力，手机、电话、电脑，迅速切换，大脑高速运转，时时判断哪件事更紧急、哪个人更重要、哪项工作可以简单应付、哪项工作必须全力以赴。相比之下，巴西公司同事就缺乏这样的"本领"，他们一件事接着一件事地处理，有条不紊，按部就班。他们对工作只有一个质量标准，无从也无法判断事情的轻重缓急。如果在处理一项工作期间接到总部的紧急任务，他们常常会很焦虑，不知如何是好。

有一次，美国一家能源公司要到三峡集团洽谈合作。他们派了一位高管，当天凌晨抵达北京，开了一整天的会，达成了合作意向，当天晚上就离开。我和他开玩笑："机长也不会像你这样飞行！"时隔不久，巴西一家能源公司到三峡洽谈合作。他们派了十人左右的团队，抵达北京后，主客双方安排了一系列的交流活动，中间穿插商务谈判，在达到预期目的的同时，大家也成了朋友。这两种方式相比，显然巴西人更贴近中国的习俗。大家认为，要想达成合作，我们要先建立友谊和信任，不在一起吃吃饭、聊聊天，怎么可能建立互信呢？而美国人则认为，我们的合作是实实在在的生意，我们按照合约各自履行责任、各自获得利益，就这么简单。

巴西和中国不一样

2016年初的一天，我和一位人力资源部门的巴西同事谈工作时，这位同事突然哭了起来。原来，在几天前的一场会议上，同事报告某员工在填报支付单时出了差错，导致了公司的经济损失，虽然金额不大，但属于不应该发生的错误。我在会议上的第一反应是："这是谁犯的错？我们有什么惩戒措施？"我的两个问题，让这位人力资源的同事苦恼了好几天，最终决定找我"哭诉"。于是就有了如下对话：

> 我："犯了错误不该追究吗？"
> 同事："员工犯了错误，公司也有责任啊！"
> 我："既然都有责任，我们就要采取相应措施。"
> 同事："员工犯错，要么是能力不足，要么是态度不好。如果是前者，说明公司培训工作还有欠缺；如果是后者，说明公司人员选聘出了问题。"
> 我："我们公司刚成立不久，组织还不够成熟，我们要自我检视，但员工犯错还是要承担一定的责任吧？"
> 同事："我同意，但是惩罚措施并不解决问题，有时还适得其反，让员工有了抵触情绪。我们的目的是把工作做得更好，而不是惩罚员工。"

> 我："我们最终的目的是公司和员工共同成长。"
>
> 同事："我不认为您说得不对，但如果公司首席执行官的第一反应是惩戒，是找员工的问题，而不是组织的问题，我担心会对公司的文化产生影响，所以我有些激动。"
>
> 我："我道歉……"

这段对话，其实反映了两个文化冲突：一是员工出了差错，组织和个人应该怎样分担责任；二是惩戒从长期来看是否有用。这两个文化冲突中，第一个是表现形式；第二个才是根本，是信念问题。如果一个组织认为惩戒最有效果，那组织最终会让个人承担更多的责任，以达到最佳效果。反之，如果组织认为惩戒只能起到短期作用，从长期来看没有效果，那组织会更多地检视自身问题，不会让个人承担更多的责任。

荷兰心理学家吉尔特·霍夫斯泰德（Geert Hofstede）说，文化是一个群体有别于另一个群体的共性头脑编程方式。编程方式没有对错，而且无法解释，甚至无法重新编程。

中国企业更倾向于让个人承担更多的责任。我们会签订各种责任状，会有罚款，会有很多追责的制度。因为我们深信惩戒是有效的。我们也或多或少地受羞耻文化影响，而惩戒会产生羞耻心，知耻而后勇，羞耻心让人更加上进。这个信仰体系是管用的，支撑了很多组织和企业的发展和壮大。

而巴西企业更倾向于让组织承担更多的责任。员工在一段时期内为企业服务，完成本职工作，领取相应薪酬，这是双方的契约。更多的巴西人认为，惩戒并不起作用，惩戒会打击员工的积极性和主动作为的精神，而且在人才充分流动的市场中，惩戒很容易让员工离职。他们更加相信鼓励和激励才是人进步成长的根本动力。

如果一个组织过于强调个人责任，它就不会深刻反思组织能力的不足。组织的能力得不到持续不断的挑战，因此难以成为管理规范的组织。

而个人往往会因为承担了更多责任，得到更全面的成长。

如果一个组织过于强调组织责任，它就会千方百计地理顺管理流程和内控手段，让员工少犯错。它也会从企业文化入手，弘扬正面精神，同样也可以让员工少犯错。因为个人承担更少的责任，这种组织更能够培养专业人才。

如何看待惩戒文化和激励文化，是根植于一个社会深层次的文化基因，影响着组织和个人的方方面面，甚至影响着家长如何养育子女。中国家长培养孩子，是带有一定惩戒心理的，有时甚至带有羞耻动机。中国家长通过指出孩子的不足，尤其是和"别人家的孩子"的差距，来实现对孩子的触动。巴西家长培养孩子，则更像美国人。他们深深地相信，只有鼓励才能激发孩子的上进心，让孩子更好地成长。"中国虎妈"在美国的故事，反映的就是这个文化差异。中国、巴西、美国的家长都可以培养出出色的孩子，但是手段不同。

三峡集团的安全管理做得很出色，其中一个重要的工具就是惩戒。出了事故，有严厉的追责程序和惩戒措施。三峡巴西成立两年后，我们有意在三峡巴西建立类似的制度，却遭到极大的质疑。大家认为：首先，对员工进行经济惩罚是违法行为；其次，员工的职责是照章办事，而不是保证不出事故；最后，惩戒制度不会改进安全生产。

公司后来尝试将安全生产情况与员工绩效薪酬挂钩，依然遇到了障碍——工会反对。理由是，员工不能为公司的安全生产管理负责。三峡巴西最后向集团提出，惩戒行不通，与绩效薪酬挂钩行不通，那有一个办法：如果安全不出事故，每年为员工发一点额外奖金。总部觉得这很难理解，为什么只有奖励而没有惩罚呢？这件事最终不了了之。

"报告"是公司很多巴西同事最早学会的中文词之一。在他们眼里，"报告"有点儿神秘色彩。大家虽然知道"报告"的英文翻译是"report"，但似乎又察觉到一些微妙的差异。巴西同事眼中的"报告"有这样几个特点：

一是总部要求的报告往往很急。总部要报告，有时只给一两天时间，而且有时是周五晚上收到需求，要求周一提交。最初，有些巴西同事是带着一丝神圣的使命感写报告的：这么急的报告，一定有大用途！中方同事传达要求时凝重甚至有些惶恐的神情，似乎也印证了他们的猜测。后来，每次报告都要得很急，巴西同事开始发现有些不对，开始质疑。

二是报告的用途总是难以揣测。巴西同事们睁大眼睛，一字一句地研究中文翻译过来的报告具体要求，发现整整一页纸上每个字都认识，但还是不能理解报告的目的。不知道为什么要做事，有时候很痛苦。

三是提交的报告常常没有反馈。大家在极短的时间里赶制出来一份报告，带着虔诚的心情提交后，往往期待总部有一个反馈。报告好不好？如果好，好在哪儿？如果不好，如何改进？但报告往往石沉大海、杳无音信。巴西同事们就有些沮丧。

企业文化是一个组织的集体气质和做事方式。巴西同事的这三个困惑，在一定程度上反映了企业文化的冲突。

第一个困惑，为什么老是这么急？有一次，一位中国同事把总部的报告任务转发给巴西同事。过了一会儿，因为事情急，就去找巴西同事询问。巴西同事开玩笑说："你来得比电子邮件还快，电子邮件还在路上，你已经来到我身边了。"这成为公司广为流传的善意的笑话。事情急，无非有两个原因：一是事情本来就是急，是我们做事的节奏使然；二是没有提前计划好，把不急的事变得很急。中国同事多数是典型的多任务工作模式，可以随时停下手里的工作处理紧急事务，甚至可以同时处理多项工作，像弹钢琴一样，游刃有余。而巴西同事多数是单任务工作模式，同一时间只做一件工作，容不得频繁的干扰，要求必须有清晰的计划和工作要求。

第二个困惑，为什么没有目的性？中国同事说："我们为什么需要知道报告的用途呢？既然总部要，我们准备就是了，这是我们的本职工作。"巴西同事说："我们辛辛苦苦写一份报告，却不知道它的用途和目的，我们做事就缺乏意义感，我们需要知道我们做事的价值，我们需要知道我们所做的工作是一个有意义的使命的一部分。"中国同事看重的是完成领导交办的任务，这项任务背后的意义则是领导的事。巴西同事看重的是履行自己的岗位职责，以及完成一项工作的成就感。

第三个困惑，为什么不提供反馈？和第二个困惑类似，巴西同事会说："只有收到反馈，我才会知道，我的工作是否达到了要求，是否发挥了应有的价值，是否还有可以改进的地方。这样，我以后才能把工作做得更好。"中国同事会安慰道："我们做好分内工作就好，别的无须多虑。"

三个困惑反映了垂直管控文化和水平协商文化的冲突。在垂直管控文化下，需要权力和权威来推动组织的运转。大家敬畏权威、遵从权力，一个组织可以运行得很有效率，但是往往有很多紧急任务。有些无须解释的指令，大家都很理解。而在水平协商文化下，需要规则和影响来推动组织的运转。规则是轨道，影响是推力，大家需要制定共同的规则和计划，频繁沟通，实时反馈，以保证机构运转的顺畅。

另外一个因素，是不同文化对时间概念的理解。中国人看待问题，习惯在一个很长的周期里去把握。做一个决策，既要考虑很长的历史背景，也要考虑很久远的将来。而巴西人更愿意综合眼下的各种因素，作出当下的最好判断。这种差异，就决定了大家如何看待报告。中国人非常看重报告的编撰和留存，巴西人更看重当下决策的质量和落实。

巴西和中国有些像

中国和巴西相距甚远，不但分属东西半球，而且位于赤道两侧。这就导致两个国家是日夜颠倒、寒暑相异。巴西白天工作时，中国正是夜间休息，开个电话会议是很麻烦的事。但好的一面是，如果愿意加班，24小时在两边总能找到人。冬天，从北京上飞机时穿着臃肿，到圣保罗下飞机时就要换成短衣短裤。中国和巴西之间的飞行也很折磨人。一般要在欧洲或者北美洲找一个中转地，前段和后段飞行都要超过10个小时，而且不论是跨太平洋飞还是跨大西洋飞，时间上都差别不大。

就是这样两个国家，了解多了以后，还是能发现很多相通的地方。也许我们中国人的思维方式更倾向于去寻找共性的东西。前面说了很多文化相异的表现，那在我的眼中，中国和巴西有哪些相像的地方呢？

中国和巴西的第一点相像之处，是重视人际关系。中国人很重视人际关系，以至于guanxi（关系）一度成为英文中的一个外来语。其实英语里面也有类似的词语——networking（关系网），而且在美国的商业社会中，关系网也非常重要。但为什么英语不直接使用networking去翻译"关系"呢？说明这两个词可能还是有一些微妙的区别。中国的关系更加强调熟人"强关系"，更强调长期和相互的帮助提携。美国的关系网更加强调社会"弱关系"，往往是在一定规则下更加现实和直接的利益交换。

在巴西，有一个非常隐晦的词，葡萄牙语叫作jeitinho。jeito接近于英语的way（途径），jeitinho是jeito的表小词。就像巴西球星罗纳尔多（Ronaldo），大家用表小词的方式称他为"小罗"（Ronaldinho）表示亲切。jeitinho可以翻译为"变通途径"或"小办法"，尽管巴西人普遍认为jeitinho是葡萄牙语中几个无法翻译的、只可意会不可言传的词汇之一。从某种意义上讲，jeitinho是介于中国的关系、美国的关系网之间的一种行为方式，是指利用一定的社会关系，把一件原本很复杂的事情办理得更加顺畅、快捷。这种行为方式，来源于巴西的两个社会特征。一方面，巴西拥有极其庞大和复杂的官僚体系，做事情的交易成本极其高昂，逼迫社会成员去寻找"小办法"把事情办得更快更好；另一方面，巴西极其重视家庭、家族和社会关系网络以及情感网络，让"小办法"成为可能。

中国和巴西的第二点相像之处，是家庭观念深厚。很多巴西人每天上班期间要和妻子或者丈夫通几次电话，仅仅是问候对方。我的一位巴西朋友曾和我吐槽，说他们公司一位日本员工，妻子去亚马孙雨林旅游几天，夫妻二人居然没有通话。他觉得十分费解，而他的日本同事也对他的费解表示费解。中国人的家庭观念同样很强，但表现的方式却完全不同。中国的夫妻可以因为工作而数月不见面，但他们的努力都是为了家庭的幸福。我那位巴西朋友如果知道这种情况，恐怕要晕倒才对。

我认识的一位巴西电力行业高管来中国出差，会带着夫人一起来，他觉得不能把她丢在家里。晚餐的时候，他们每吃上几口饭，和东道主说几句话，就要互相亲吻一下。这位朋友当时已经七十几岁，他的举动让在座不了解巴西的同事瞠目结舌。在巴西，夫妻或男女朋友一起吃饭，常常坐在餐桌的同一侧，以便彼此相拥。他们说话聊天，口中也离不开家庭。

第三点相像之处，是信仰复杂。很多中国人，都是儒释道的混合体，只不过有的人受儒家影响更深，有的人受佛教或道教影响更大。一个典型的中国人，在职场中可能是遵规守礼、积极向上的儒生，回到家里就变成与世无争、清静无为的道家，当生活中出现波折又会到佛学中去寻找精神寄托。巴西被认为是世界上最大的天主教国家，但很多人事实上信仰新教。同时，受早期非洲文化的影响，巴西社会有非常浓重的神灵信仰。有很多受过良好教育的巴西人，会通过神灵信仰寻找心灵慰藉，甚至治疗疾病。我还看到，佛教的很多思想在巴西很有市场。我曾见过一位信仰天主教的巴西女士，向听众讲解佛学。她运用巴西特有的手舞足蹈、富有感染力的肢体语言，传递着诸行无常、诸漏皆苦、诸法无我的佛家思想，平和中带着喜悦，热情中带着沉思，连同她的光头，给我留下了深刻的印象。

三峡巴西的多重属性

三峡巴西是中国公司还是巴西公司？如何看待这家公司的属性？她的第一属性是一家"公司"，第二属性是一家"巴西"公司，第三属性是一家"三峡集团"旗下公司，第四属性是她的股东来自"中国"。这是"中国三峡巴西公司"这个公司名称中四个词的反向排序。这个顺序体现了我们如何看待这家企业，我认为这是三峡巴西能够成功的根本原因，也应该是所有"走出去"企业成功的必要条件。顺序真的这么重要吗？

东方的传统思维模式是先整体、后具体。我们写名字是先姓后名，我们写地址是先大后小，我们分析问题是先共性后特性，我们的优先顺序是先集体后个体。

西方的典型思维模式是先具体、后整体。他们写名字是先名后姓，他们写地址是先小后大，他们分析问题是先特性后共性，他们的优先顺序是先个体后集体。

东西方文化的冲突，很多时候表现在这个顺序差异上。用传统思维看待中国三峡巴西公司，我们一般认为，这首先是一家中国公司，其次是三峡集团旗下成员企业，再次被认定为巴西公司，最后在必要的时候才意识到是一家有独立法人身份的企业。但是，如果按这个顺序去认识这家企业，海外经营会面临很多问题。

第一，必须认识到这是一家公司，要具备公司的要素，有使命和愿景，有存在的基本目的、企业文化和治理结构，要制定发展战略、商业模式、组织架构。我们有很多企业"走出去"，但并没有把海外公司当作一家企业去管理，没有尊重其作为一家公司的法律身份，总部对其随意指挥，造成很多冲突。

第二，必须想明白这是一家巴西公司。她在巴西注册，是巴西社会的企业公民，要在巴西的法律、文化和社会条件下开展经营活动。我们有太多企业没有看到这个本质问题，觉得自己不是巴西公司，是中国公司，行为处事总是按照中国习惯，漠视本地的法律法规，即便在需要重视的时候，也不是发自内心，只是得过且过、躲避麻烦而已。这样的企业没有办法优秀，有时甚至连生存都成了问题。

三峡巴西的第三定位是她的三峡属性。她是三峡集团控股的企业，就要贯彻三峡集团的战略意图，传承三峡文化基因，在三峡集团的管理体系下开展经营活动。

三峡巴西是来自中国的资本投资设立的企业,这是她的第四定位。因为资本来自中国,三峡巴西创造的经济价值,主要部分会回流中国。这是跨国经营的根本特点。三峡集团曾经提出的"三在外一回流"理念,即资源在外、资本在外、市场在外、收益回流,说的就是这个道理。

这四个属性,其可变性逐步提高。第一定位和第二定位是内在属性,是生而如此、不可改变的东西。三峡巴西永远是一家公司,永远是一家巴西公司。而第三定位和第四定位则是可变的。三峡巴西可以有三峡以外的投资人,可以上市,可以出售,那她就不再是或不只是三峡旗下企业或中国投资企业。如果我们忽视她的第一定位和第二定位,而强调她的第三定位和第四定位,就是本末倒置,就是没有看到三峡巴西公司的本质。

第八章
文化融合的力量

毕马威 2008 年的研究表明,大部分并购重组不创造价值。在 10 年的研究时间里,仅有17%~34%的企业并购重组创造了价值。普华永道 2006 年的研究发现,在管理者看来,并购重组失败(没有创造价值)的主要原因,是企业文化差异。

企业文化建设

什么是企业文化？企业文化是一个组织的集体气质和做事方式。就像人的性格迥异一样，企业的气质同样千差万别。没有公认的完美性格，也没有完美的企业文化。就像性格需要培养一样，文化也需要培育。

根据麻省理工学院教授艾德佳·沙因（Edgar Schein）的理论，企业文化分为三个层次。第一个层次是一家企业外在体现的特征、组织方式和行为习惯，看得见、摸得着。比如你去拜访一家公司，员工的穿着、办公室的装饰、会议的形式等，都是企业文化最外在的表现。第二个层次是企业倡导的价值体系，是企业的战略、愿景、文化、制度等。这些决定了企业第一个层次的外在表现。第三个层次是深植内心的、无意识的、无须讨论的根本信仰，是一个人看待自然、世界和现实的方式。这些根本信仰，是企业制定其价值体系的根本遵循。

沿着这样的逻辑，请你随我一起走进三峡巴西公司，体会一下这家公司的企业文化。

一走进三峡巴西的办公室，你就会看到，办公室前台十分简单、整洁，前台人员礼貌、职业。走进办公区，你会发现，大家，包括公司的总经理都在开放的空间办公，彼此之间没有门墙的阻挡。在开阔的办公区，有的人低头做事，有的人三五成群讨论问题，时而显得很嘈杂，时而还能传来抑制不住的笑声。如果你是来参加公司会议的，会议室里可能会有激烈的争论，辩论的双方可能是一个入职不久的年轻人和一位公司资深高级管理者。如果你去参观电厂，会看到每个人都穿戴全套的安全装备，地面标示有行走的安全路线，墙上布满安全警示，安全管理者一丝不苟地检查着工厂里里外外、方方面面是否存在安全隐患。每隔三个月，全体员工会以现场或视频的形式参加全体员工大会。安全生产情况永远都是会议的第一个话题，管理层还会介绍公司战略安排和经营情况。员工可以提出各种各样的问题，相关的负责人会当场作出解答。会议一般会持续一个小时，我们称之为"市民大会"（town-hall meeting）。

按照沙因教授的逻辑，所有这些外在表现，应该有更深层次的原因。三峡巴西的使命是"通过与地球和谐共处的方式提供清洁能源"，愿景是"成为巴西一流的能源集团"，价值观是"安全、尊重、诚信、敬业、卓越、简单、快乐"。

安全。并购杜克巴西后，三峡巴西公司装机容量达到828万千瓦，拥有14座控股水电站、3座联合控股水电站和11座参股风电场。三峡巴西从战略性财务投资者彻底转型为运营型投资者、一家电力公司。在战略性财务投资者阶段，公司没有单独强调安全，因为绝大部分人在办公室工作。杜克巴西作为运营型公司，价值观中强调安全，三峡巴西经过研究，决定也把安全引入三峡巴西的核心价值观体系中，并放在首位。职业安全是对员工的最基本、最重要的尊重。

尊重。三峡巴西强调尊重的价值观，认为任何一个人都应该得到尊重。人们应该尊重他人，尊重自然，尊重差异。尊重的价值观，既体现了以人为本的观念，又体现了敬畏自然的可持续发展理念，也强调对差异的尊重，也就是多元和包容的价值观。尊重对三峡巴西的顺利起步和健康发展发挥了至关重要的作用。最初把尊重作为核心价值观之一，还有一个务实和功利的想法。中国和巴西是两个世界级的水电大国、强国。两国在不同的政治、经济与市场环境下，各自独立地形成了水平相当却风格迥异的水电高端能力，俨然武当和少林两个门派，每一方都或多或少地有唯我独尊的江湖心态，见了面难免要切磋一下武艺。三峡巴西作为中国、巴西水电理念交融碰撞的一个平台，不可避免地会出现文化的冲突。我们强调尊重，就是不希望让来自中国股东的水电思想垄断这个平台，也不希望来自本土的巴西水电思想控制三峡巴西的发展。我们希望通过尊重的价值观，让来自两国的水电专家能客观理性、开放包容地相互尊重、相互学习。

诚信。企业和个人一样，要有很高的道德标准和行为准则。有人说，企业文化就是在两难的情境下如何作出抉择。也有人说，企业文化就是在没有人看的时候如何行事，就是中国的慎独思想。现实确实如此。在没人关注的时候，在重大的两难之间如何选择，才能体现一家企业的道德标准。比如，一家企业能否接受一个业绩卓越但偶有种族歧视倾向的员工？如何面对一个导致公司失去重大商机的举报人？在安全措施尚未到位的情况下，如果开工生产可以创造巨大的经济效益，公司是否开工？供应商违背了公司的劳工保护政策，而替换供应商将造成成本提高和生产中断，公司如何应对？一家企业的诚信文化需要所有人的共同参与建设，形成一个共同的精神家园。我认为，一个有很高道德标准的企业，才能吸引优秀的员工加盟，赢得市场口碑，获得供应商的信任，取得社区公众的认可。

敬业。我们认为，做好本职工作是对自己、对企业最大的尊重。我们大力倡导勤勤恳恳、兢兢业业的工作文化，这是任何其他工作品质都不能替代的，是公司评价员工的重要参考。有些员工，可能因为自己卓越的才华，无须努力也可使工作达标；有些员工，因为自己特殊的经历和市场关系网络，无须努力即可实现不错的业绩。对于有些推崇业绩说话、胜者为王文化的企业，他们仍然是不错的员工。但是三峡巴西选择了"敬业"这一核心价值观，并予以充分的坚守，就是要说明：敬业精神是且永远是职场之中最被看重的重要品质之一，我们愿意鼓励、培养富有敬业精神的员工，并使其不断进步，做得越来越好。这个品质，是中国三峡推崇的品质，也是巴西电力行业推崇的品质。

卓越。这一品质源自三峡集团的文化基因。三峡集团有踏实严谨、精益求精的工程师文化。三峡集团所属的国内大型电厂推行"零非停"的目标，即零非计划停机，就是发电机组只有在按计划检修时才会停下来。这样一个看似简单的目标，意味着对方方面面的极高要求。这只是一个例子，不代表在巴西也需要推行"零非停"，但追求卓越的文化，我们认为是非常重要的。

第八章
文化融合的力量

简单。我们强调三个"简单"。第一个"简单"是人际关系的简单，淡化上下级的等级观念，打破不同团队之间的藩篱。全员开放式办公，反对办公室政治，让每一个人都不需要顾虑复杂的人际关系，从而专注于本职工作。第二个"简单"是倡导抓主要矛盾的简单思考和简洁表达。我们认为这个世界变得过于复杂，做决策时需要考虑的输入信息呈爆炸式增长，而真正关键的信息可能被淹没在长篇大论的报告、制作精美的演示幻灯片中，难以分辨；需要考虑的利益相关方越来越多，大家的诉求也呈现多元化，对一方同意的方案可能引起另一方的反对；决策的短期、中期和远期影响越来越难判断，近期看好的决策，放到长期来看可能是很糟糕的决定，反之亦然。第三个"简单"是业务类型的简单。我们相信，什么都做就什么都做不好，集中精力做自己擅长的事，才能创造最大的经济价值，就是最大的企业社会责任。把自己不擅长的事留给其他专业公司去做，这样整个经济体、整个社会才会效益最大化。

快乐。并没有很多企业把快乐作为一个核心价值观。我们认为，让员工快乐，是职业健康的一个组成部分，是一家企业应有的社会责任。快乐，绝不是让员工在没有压力的工作环境中享受不工作、少工作的快乐，而是要在工作中体会快乐，在完成有挑战性的工作的过程中享受工作，这才是快乐工作的真谛。员工在快乐的心态下工作，才有可能把工作做到最好，才能有创造性地工作。因此，越是需要创新的岗位，越需要做到快乐工作。而从某种意义上讲，现代社会的每一个岗位，不论是传统行业还是新兴产业，不论是管理者还是基层工作者，都需要创新。当今时代，每一家企业都生活在一个纷繁复杂的供应链和生态系统中。一名企业员工的快乐心态，会不自觉地传染给与其打交道的每一个人，让这个商业生态系统更加地朝气蓬勃和充满活力。一个快乐的员工，回到家里，就是一个快乐的丈夫、妻子，儿子、女儿，或者父亲、母亲。要做到快乐工作，我觉得有三个基本因素：得到尊重、合理回报、工作有意义。

企业文化是选择问题。一家企业需要选择尊重作为核心价值观吗？未必！就像乔布斯说过，A级人才的自尊心不需要呵护。一家企业完全可以倡导更加激进的文化，挑战尊重的边界。诚信一定是必要的核心价值观吗？也未必！一家企业可以选择遵守所有的法律法规，在此前提下，穷尽一切可能去为企业创造最大的价值，并不必以诚信为信条。敬业的价值观同样可以被挑战。但是，不同的价值观会塑造出不同的企业，让每家公司都拥有独特的气质。

沙因教授所说的第三个层次，是我们怎么看待公司的根本信仰。这恐怕取决于公司的创立者和早期管理者。我认为三峡巴西这群人（中国人和巴西人）有如下的基本信仰：

（一）人类在大自然面前是渺小的，应该谦卑行事。
（二）人和人是平等的，而且每个人都有极大的潜力。
（三）以人为本，人的幸福和进步是社会发展的根本标志。
（四）把自己的事情做到最好，是对社会最大的贡献。
（五）极高的道德诚信标准是对自己、对社会最大的尊重。

这些共同的、根本的信仰，逐步影响了三峡巴西的企业文化。正因如此，安全、尊重、诚信、敬业、卓越、简单、快乐这些核心价值观，才不会沦为口号标语，而真正成为大家内心拥抱的准则。

一个公司的技术可以转让、商业模式可以借鉴、人才可以流通，但企业文化无法复制，这是一家企业竞争力的核心所在。卓越的企业文化看不见、摸不着，却在企业最充分发挥潜力方面起着不可替代的作用，成为聚集人才的梧桐、创新能力的源泉、高尚情怀的港湾和一致行动的指南。世界一流的企业，归根结底，要有世界一流的企业文化。好的企业文化，归根结底，要能够最大化地释放人的潜能，让人才有尊严地工作，人尽其才、才尽其用，为企业和社会创造更大的价值。

企业文化融合

经过几年的高速发展,三峡巴西公司拥有了八百多名员工。在持续的并购和资产整合过程中,来自特伦福电力公司、圣保罗电力公司、杜克巴西公司的部分员工加入了三峡巴西大家庭。

特伦福电力公司是家族控股企业,家族成员作为董事在公司经营中发挥重要影响,公司高度集权、重视效率、成本优先。圣保罗电力公司是国有控股企业,近十几年来处在发展低谷时期,公司结构森严、循规蹈矩、稳定优先。而杜克巴西是美资企业,公司授权充分、重视风险、结果导向。受家族企业、国有企业和外资企业三种不同企业文化熏陶的员工来到三峡旗下,做好文化融合至关重要。除了这三类员工,还有三峡巴西在市场中聘请的员工,以及总部外派员工,使得这个团队更加多元。

三峡巴西成立时间较短,前期实施拓展型企业战略,具有较高的开放性、较强的执行能力和较好的文化包容性,部门行政色彩淡化,强调工作协同高效,管理结构扁平化,但总部授权程度较低,流程体制不够成熟稳定。

三峡巴西高度重视企业文化在价值创造中的独特作用。公司在较早时期,就形成了鲜明的企业文化和价值导向。在以小博大的历次资产并购整合过程中,三峡巴西在企业文化方面一直起主导作用,并迅速掌控局势,不断升华企业文化。

企业文化具有统领性和导向性,决定着整个公司的价值取向和全体员工的行为规范。三峡巴西文化整合建设注重协同、规范,一方面培训、引导被并购公司员工及新进员工认同企业核心价值观,另一方面积极吸收被并购企业企业文化中的优秀元素,通过文化纽带把公司打造成真正的价值共同体。基于三峡巴西的核心价值观,我们在公司的日常经营活动中把握七个维度的平衡:结构性管理与灵活性管理平衡、集权管理与分权管理平衡、审慎与进取平衡、侧重计划与侧重执行平衡、委婉沟通与直接沟通平衡、强调个体与强调集体平衡、内部导向与外部导向平衡。

三峡巴西并购这些企业后，本有一条捷径可以避免激烈的文化碰撞，那就是保持各个并购企业的独立性和完整性，各企业独立经营，三峡巴西以集团公司的模式去管理。但这种模式的成本无疑是高昂的，每家子企业都保留和建设完整的力量，就失去了三峡巴西并购这些企业的意义。换一个角度去看，如果各企业保留自己的独立性，那么这些企业来到三峡巴西旗下，与继续留在原东家旗下，就没有本质区别，并购行为没有产生价值。

如何才能实现并购的价值呢？只能是重组整合。一是通过合并同类项，精简重复职能，减少人数，降低成本。这是最基本的整合，是从"量"的角度入手。二是精简过程，重新优化组织结构，有的职能取消，有的职能加强。对于有重复人员的岗位，严格择优录用的原则，而不是看候选人是来自三峡巴西，还是被并购企业，如果都不合适，就从市场选聘。这些做法，是从"质"的角度入手。

通过持续的重组整合，三峡巴西形成了总部、生产单位和共享服务中心的组织结构。三峡巴西的所有职能，包括财务、人力资源、法律、环保、技术、品牌沟通等，全部实行一个团队、上下贯通。总部设在圣保罗，聚集了公司的战略性管理职能，成为真正的总部。所有电厂成为生产单位，让电厂专注生产，成为真正的生产中心。共享服务中心设在运行成本偏低、基础设施完备的库里奇巴，通过网络和企业资源计划系统（ERP），远程为三峡巴西所有业务单元提供工资、税收、日常采购、IT支持等服务性、流程化的职能。

经过这样的整合，三峡巴西变得高度扁平化，组织清晰，人员精干。如果说组织是骨骼、人员是肌肉、管理系统是血液，那么企业文化就是经脉，看不见、摸不着，但时时刻刻影响着这个肌体的健康和活力。

整合后的企业，必须有一个鲜明的文化导向作为公司全体人员共同的行为准则。不论你来自哪里，这个共同的文化导向会塑造一个共同的身份认同。如果一名员工实在不愿意接受这个文化导向，可以选择离开；重新选聘人员时，就要按这个文化标准去筛选。假以时日，公司会逐步形成自己的群体特征。杜克巴西的核心价值观之一是安全，并入三峡巴西后被公司借鉴，成为新三峡巴西的核心价值观之一，而且排在首位。三峡巴西向所有业务单元推广全新的安全文化，让"安全"成为全体三峡巴西人的共同信念。"简单"是另一个三峡巴西坚守的价值观。有的业务单元曾有"官大一级压死人"的文化，有的业务单元曾有"团团伙伙"的习惯，形成了复杂的办公室文化。公司弘扬简单的文化，批评与之相反的习惯，逐步形成了大家公认的行为准则。向相关方送些小好处以推动工作更快开展，既被巴西社会认可，也被部分员工认可，但公司坚持零容忍的"诚信"价值观，宁可耽误工作也不做灰色的通融，去政府机构拜访也绝不允许带任何礼品。以上是通过共同的文化导向开展文化融合的一些例子。说到底，企业文化是在鼓励哪些行为、批评哪些行为的过程中，逐步形成的。

同时，本来就十分多元的三峡巴西团队，还要面临一个更加复杂的文化融合问题，那就是中国员工和巴西员工的文化融合。事实上，三峡巴西员工虽然以巴西人为主，但来自十几个不同的国家。2016年起，三峡巴西开展"WE"文化融合项目，通过讲座、跨文化能力评估、案例分析、角色扮演等丰富多彩的形式，加深了中巴员工对彼此的了解，破除了"既有刻板印象"。活动反复向员工传递的理念，即"尊重"与"平等对话"——文化差异并不是洪水猛兽，它可以成为我们的竞争优势，铸就兼容性强的文化合金。"WE"强调"我们"而不是"我"，强调我们是一个团队，同时也有西方（west）和东方（east）融合之意。

针对中方外派员工，三峡巴西推出"Buddy"（"伙伴"）项目，为每一名外派员工按照其工作领域、兴趣爱好与性格特点，安排一名巴西同事作为其"伙伴"。两人结成伙伴后，巴西同事向中方员工介绍巴西的风俗文化及语言，带他/她熟悉周边环境，感受当地风土人情；中方员工也向巴西同事介绍中国文化，解答其关于中国的疑问。这个项目让中方外派员工很快适应了当地的工作生活环境，以积极向上的态度迎接新工作和新生活。

此外，三峡巴西还鼓励中巴员工进行葡萄牙语或中文学习，并在中巴传统节日开展特别庆祝活动，介绍两国文化传统。这些活动大大拉近了中巴员工的距离，形成了开放、包容的文化氛围。

文化融合依靠一批高素质的跨文化管理人才。三峡集团积极开展国际化人才交流培训工作，系统分析国际化人才培训需求，遵循三峡集团发展战略部署，依托三峡巴西公司中高端管理人才和巴西成熟商业市场专业师资，建立起以集团中青年管理人员国际化经营管理培训（Leadership Program）为代表的三峡集团与三峡巴西公司的双向交流和培训机制。

通过为双边人才提供不同深度、不同期限的培训、轮岗、短期交流或长期任职等机会的方式，三峡集团与三峡巴西公司员工的跨文化沟通能力和短板专业业务能力得到提升，增进了当地员工对三峡集团的价值认同、文化认同，增强了员工的归属感，文化融合管理基础进一步夯实。

通过3年来持续推进的各类文化融合项目，三峡巴西公司文化融合结出丰硕成果，极大地助力了公司深耕当地市场、融入当地社会以及实现可持续发展的目标。公司助力社区教育事业、电站周边城市科普项目、大学研究项目等，很好地实现了"民心相通"，树立了三峡集团勇于承担社会责任的良好形象。

三峡巴西公司文化融合的一系列丰硕成果助力了企业在当地的发展，其经验的可复制性，也为三峡集团各海外实体化公司的发展和经营起到了很好的引领作用，树立了典范。同时，三峡集团在海外深耕文化融合方面取得的这一系列成绩，也为央企海外投资"走出去"、"融进去"和"持续发展"探索出一条新路，树立了央企海外投资者的良好形象。

巴西特有的发展历程使其既有发达国家法制和监管的复杂性，又有发展中国家官僚低效的复杂性。在双面复杂性下，很多企业难以适应，即使文化相近的欧美企业在此扎根也并非易事。三峡巴西公司的本土化战略以及尊重合作伙伴、尊重本土文化、尊重法律和尊重员工的做法促进了企业文化融合，保证了各项业务的平稳开展，也赢得了巴西各界的广泛尊重。

企业文化转型

经过几年的成功经营，公司的企业文化逐渐显露出一些弊端。有些问题来自市场环境的变迁，过去重要的文化特征变得不重要了，或者新的市场挑战需要新的文化元素；有些来自企业文化管理不力，企业的管理制度并没有围绕企业文化特征设计，企业文化说一套企业管理者做一套，等等。很多企业经过一段时期的发展，往往需要进行商业模式的转型，如果商业模式面临根本性的转型，那么企业就需要进行文化转型。有的时候，企业文化转型是基于企业领导者对未来的判断。企业领导者看到了未来商业模式颠覆性的变化趋势，因此进行企业文化转型以更好地迎接未来。

一是关于创新文化。三峡巴西初创时期，大家在一起工作，充满活力，敢闯敢试，不甘平庸。而随着公司经营步入正轨，这种精神慢慢不见了，取而代之的是员工越来越喜欢循规蹈矩地工作，不敢犯错、不愿意试错。三峡巴西的管理团队意识到，如果公司创新意识不足、不愿意创新，将无法应对未来的挑战。同时，短短几年时间里，巴西市场环境发生了很大的变化。电力商品化、自由化的趋势方兴未艾，自由电力市场在尚不成熟的体制与百年不遇的干旱的双重冲击下，供需局面瞬息万变，电力价格波动剧烈。电力企业的市场销售局面出现了革命性的变化，而在可预见的未来，电力行业在商品化和自由化的道路上只会越走越远。巴西电力行业脱胎于过去的国有企业，曾经的国有电力企业管理者与工程师随着改革和私有化而分散各地，但沿袭了大体相同的管理理念。随着越来越多的千禧一代走上核心的管理岗位、更新一代走向职场成为业务骨干，电力行业将要超越传统，走向新的时代。新一代人必将带来全新的理念，而"创新"就是这一代人的标签。到了2018年底，三峡巴西公司已经充分认识到，企业急需注入创新的文化元素。

二是关于集体协商和集体决策。三峡巴西最初推行平等协商、集体决策的管理文化。这种文化的形成，有其特定的现实条件和成长土壤。三峡巴西的管理层中，40%来自中国、60%来自巴西。公司初创时期，来自中国的管理人员不了解巴西的情况，在很多事情上依赖巴西同事的判断；来自巴西的管理人员不熟悉中国股东的文化，也在很多事情上依赖中国同事的判断。这种相互依赖逐步形成了合作协商、集体决策的管理文化。而中国和巴西的国别文化，又进一步强化了这种趋势。中国企业，尤其是国有企业，往往强调集体决策。中国社会，也是集体文化的社会，个体利益服从于集体利益。巴西受葡萄牙和南部欧洲大陆文化的影响，也有强调集体的社会基础，但巴西的商业社会受美国影响十分明显。这种强调集体决策的文化，在公司建立和发展初期发挥了巨大的作用，应该说对公司的健康和迅速发展起了决定性的作用。但任何事情都有两面性，集体决策会逐步淡化个体的责任担当（accountability），逐步让管理层对集体决策产生依赖心理，从而有意无意地放松了个体对事物的判断，对决策的后果也不再负有足够的责任。在保持平等协商的传统的同时，如何更好地作出决策，强化公司个人的责任担当，是三峡巴西面临的新挑战。

三是客户意识不足。传统观念认为，电力营销的客户管理很简单，因为产品单一。正因为产品单一，大家不论从哪里购买，产品都是一样的，没有质量的差别，所以电力企业的客户意识不足是比较普遍的问题。随着电力体制改革的深化，可以自由买电的人会从目前的大客户逐步扩展到中小型客户。三峡巴西当前面对数十个超大型客户，而在未来的数年，我们有理由相信，公司将面对数百个甚至成千上万个大、中型客户。这将对公司的客户管理方式和理念产生巨大的冲击，我们是否准备好了迎接明天的到来？

四是成本意识不足。水电行业有一个鲜明的特点，就是主要成本投入在初期，经营期可变成本相对较小。三峡巴西的可控成本只占营业收入的10%左右，显得金额很小。慢慢地，大家的成本意识开始淡薄。

五是公司变得不"简单"，有了官僚习气。三峡巴西引以为傲的"简单"的价值观，随着公司的发展壮大，没有得到很好的保护。各种规章制度纷至沓来，总部的管控要求又一定程度地增添了复杂性。员工之间的关系也没有公司早期那么简单。

2019年初，三峡巴西公司下定决心开展文化转型，取名nosso jeito（我们的方式）。此次转型历时长、参与面广，三峡巴西全员共同参与讨论，并形成代表公司新阶段特色的企业文化。三峡巴西认为，公司存在的目的是"通过大规模的清洁能源为世界发展提供动力"（powering the world's development with large-scale clean energy），核心价值观调整为：

> "以生命为优先"（we prioritize life）：对于我们，安全以及对人和环境的关爱永远是首要的。（For us, safety and care for people and the environment always come first.）
>
> "人才创造能量"（energy is in our people）：我们相信每一个人都有很多可以贡献，多元化让我们可以一起走得更远。（We believe that each person has a lot to offer and diversity allows us to go even further, together.）
>
> "始终保持诚信"（integrity, always）：对于我们，职业道德是不容谈判的，并贯穿在我们所作所为之中。（For us, ethics is non-negotiable and permeates everything we do.）
>
> "一切追求卓越"（excellence in everything）：我们每天追求卓越，我们认为效率来自简洁。（We work to excel ourselves each day. We understand that efficiency is doing things in a simpler way.）
>
> "创新寻求转型"（we innovate to transform）：我们勇敢，我们互联，我们协作解决问题，为每一个人创造价值。（We are bold and connected. We collaborate to deliver solutions that create value for everyone.）

应该说，三峡巴西在短短6年的时间里，经历了企业文化的建设、融合、转型，这其实是比较罕见的情形。一般来说，一家企业往往需要数十年才会经历这么剧烈的文化冲突、整合和转型，而三峡巴西在6年的时间里经历的种种文化碰撞和重生，是一个很难得的案例。

第九章
众说纷纭的领导力

领导力是一种商品,也有流行属性。

第九章
众说纷纭的领导力

"领导力"一词译自英文的leadership，我觉得以"-ship"结尾的英文单词，多数不好翻译。leadership在《牛津高阶英汉双解词典》中有三个含义：领导地位、领导才能和领导团队。结合三峡巴西的实践，我想从这三个角度去论述领导力。从领导地位这个含义出发，讨论领导力的价值、领导力为什么存在、领导力如何发挥作用。从领导才能这个含义出发，我们讨论领导力的类型、不同类型的领导力如何发挥作用。从领导团队这个含义出发，我们讨论领导团队运行的规律。三层含义彼此相关。领导地位只是一个领导者的状态，有没有跟随者、跟随者是否心甘情愿，则不是必然的，因此光有领导地位是不够的，还需要有领导才能。不同的领导才能取决于领导者个人特质，也和他/她所处的文化环境息息相关。而历史一次次地证明，最强大的领导力，来自集体，而不是个体。

领导地位

领导地位是一个状态，有领导地位，就要有跟随者，否则就没有办法凸显这个地位和状态。跟随者的地位或状态叫作followership，这个以"-ship"结尾的词同样很难翻译，以至于上面说的那本词典根本没有收录这个词。韦伯斯特网上词典将其解释为"跟随领导的意愿和能力"。难道跟随领导也需要意愿和能力吗？要想从"领导地位"这个角度去理解领导力，应该把领导者和跟随者的关系看清楚。光有领导地位，不代表有人愿意跟随。如果没有人愿意跟随，领导地位也就不复存在了。因此，领导地位不是自封的，也不是上级任命的，而是跟随者给予的。这和管理者与被管理者这一对关系不一样，管理者与被管理者是靠规则来约定的。

三峡巴西是一个高度本地化的企业，绝大部分中高层领导是巴西人。个别几个部门设置了双主任制，比如内控合规部、工程技术部和资产财务部，部门主任是一个巴西人、一个中国人。但公司约定俗成的运行规则，把日常的管理权限给了巴西籍部门主任。中国籍部门主任承担了所属领域总部和三峡巴西之间的沟通润滑剂、冲突缓冲器、理念融合剂的作用，并协助巴西籍部门主任参与部门工作的管理。这种特别的设置就要求中国籍部门主任有较强的领导力。

三峡巴西的工程技术部是按照巴西的行业理念和市场实践运行的团队，但公司认为有必要逐步引入一些中国的好的做法。怎么办？公司有两个选择：一是通过行政指令的方式，告诉大家怎么做；二是通过反复沟通协作，潜移默化，让好的做法不管来自哪里，逐步被人接受，再通过行政指令的方式固化。在一个跨文化的环境中，第一种方式看起来简单快捷，但效果往往事与愿违。三峡巴西的中方团队用第二种办法，用不带有任何权威背书的沟通、影响，虽然花了更多的时间，但因巴方团队从心里接受，实现了两种理念的有机结合，效果非常理想。领导力最终的体现形式，往往是影响力。这不光适用于跨文化的环境中，在任何一个环境下，靠影响都远比靠指令更有效果。有人说，如果你想让别人做好一件事，有且只有一个办法，那就是让他愿意做这件事。

本质上，领导力是让别人做你想做的事的能力。从这个意义上讲，从公司的首席执行官到刚入职的年轻员工，都有请别人做事的需要，那领导力就是每个人都要具备的能力。

我们曾经习惯于全能型的领导。他们无所不知，总是能给下属明确清晰的指令，下属严格按照指令开展工作即可。但这样的时代已经一去不复返了。在开放的市场和现代化的企业，信息越来越透明，领导和下属都有获取信息的权利和渠道，领导曾经倚仗的信息特权不复存在。知识更新迭代加速，而且具有便利的可得性，领导的知识优势也在逐步丧失。在这样的背景下，领导者，尤其是高层领导者，应该更关注"为什么"做一项工作，"怎么做"的问题应该更多地授权给下属。

领导才能

心理学家斯托格迪尔（R.M.Stogdill）于1974年在《领导手册》一书中说，有多少人试图定义领导力，就差不多有多少种领导力的定义。一种早期比较流行的定义方式，是从领导者个性出发，认为领导者天生具备一些特别的品质和特征，这些品质和特征让领导者有更强大的影响别人的能力。另一种定义方式，是从领导者行为出发，强调领导者通过他们的具体行为去影响团体，而不是强调他们的性格特征。彼得·诺思豪斯（Peter Northouse）在其《领导力：理论和实践》一书中给出的定义是："领导力是一个过程，其中一个个体向群体施加影响，以实现共同的目标。"

说起企业领导，大家脑海里首先出现的形象，可能是充满个人魅力、性格外向、善于交际的商场精英。根据学者的研究，卓越的企业领导者，并没有固定的范式。内向性格的企业首席执行官占有很大的比例，而且有很好的绩效。吉姆·柯林斯在他的著作《从优秀到卓越》一书中，甚至揭示了扭转乾坤的"第五级领导人"往往拥有"谦逊而执着、腼腆而无畏"的矛盾特征。

赫尔曼·黑塞（Hermann Hesse）在其小说《东方之旅》（*The Journey to the East*）中记述了一个故事。一群旅行者在一位仆人的照顾下旅行。这位仆人安排生活起居，也用歌声和精神激发旅行者的意志。没人觉得他不可或缺。直到有一天，仆人走失了。这群旅行者发现团队没有办法继续他们的旅程，他们认识到这名仆人其实是团队的领袖。受这个故事的启发，罗伯特·格林里夫（Robert K. Greenleaf）提出了"仆人式领导"（servant leadership）的理论。仆人式领导是反常识和反直觉的，领导明明是高高在上的，为什么会是仆人，会以服务为己任呢？如果我们看一看父母和子女的关系，可能会有所启发。

仆人式领导自20世纪70年代被提出来后，一直被认为是一种基于个性的领导理念，或是基于一种行为的领导方式，没有成为一个理论。直到

21世纪，越来越多的学者开始对其予以关注和研究，并最终形成了完整的理论框架。

仆人式领导的最大特点，是把跟随者放在首位，把权力交给跟随者，关注跟随者的成长。领导们几乎放弃了所有正式的权力，而仅仅使用自己的影响力。

2018年，在萨提亚·纳德拉（Satya Nadella）用了4年时间，带领微软重登全球市值第一宝座之际（实际上是带领微软走向重生），大家开始认真地审视行事温和、善于倾听的纳德拉的领导风格。大家也更强烈地意识到，苹果的库克、通用电气的卡尔普、谷歌的"劈柴"（皮查伊）、阿里巴巴的张勇，与纳德拉一样，都具有低调谦逊、善于倾听、重视协作、有同理心的特点，与前些年微软的鲍尔默、通用电气的韦尔奇、苹果的乔布斯以及阿里巴巴的马云风格迥异。新一代的商界领袖，虽然没有老一代掌门人那么富有传奇色彩，却同样可以作出改变世界的壮举。

三峡巴西管理层中有60%是巴西籍雇员，部门主任80%以上为巴西籍雇员，部门内设经理95%以上为巴西籍雇员。三峡巴西的领导力风格受巴西商业环境影响明显，同时注入了中国和国际元素。巴西文化下的领导力有什么特征？

三峡巴西倡导示弱（vulnerability）的领导力文化。拒绝全能领导、威权领导风格。公司鼓励领导者坦陈自己知识和经验的局限性，不避讳向自己领导的团队暴露自身能力的欠缺。有的领导者担心这样会影响自己的权威，会被下属看低，影响领导工作的有效性。事实证明，这种顾虑是多余的。当一个领导者坦诚地面对自己，让下属看到一个有血有肉的真实自我，反而会增加领导者的可信度，而信任是一切共事模式的基础。反过来，团队成员也会坦诚地面对自己的弱点和不足，最终形成一个互补、互助的工作氛围。公司的总经理以身作则，推动示弱文化的形成。当他坦诚地表明自己对巴西商业环境的理解不够深入时，他就会收获无数宝贵的建议和帮助。如果他坚信自己对巴西市场的理解有多么深刻，他一定会面对更多的沉默。当他客观地表明自己对某一个重大商业决定如履薄冰、不敢贸然决断的时候，身边的同事就会从各自的角度，诚恳地贡献自己的见解。反之，如果他表现出十足的自信，认为一切尽在掌握，他也就听不到不同的声音。倒不是大家不愿意挑战他的观点，而是没有人会真正深入地思考。

三峡巴西倡导放权的领导力文化。把权力牢牢掌握在自己手中的领导者，会成为权力的奴隶。现代职场中，我们常常看见一些人，他们对事情没有什么思考和见解，领导告诉做什么就做什么、告诉怎么做就怎么做，领导放心、员工安心。但就是这些看起来浑浑噩噩、随遇而安的普通员工，回到家里，可能是孩子眼里强大如山的父亲、无所不能的母亲，可能是父母眼里聪明能干、充满希望的全新一代。他们一改在办公室里无所适从的样子，在家庭投资决策中充满自信，在子女教育安排中周到细致，在亲戚朋友交往中游刃有余。为什么这些人在办公室和家里会判若两人？传统办公室的等级森严是不是扼杀了很多人的创造力？三峡巴西倡导放权文化，并不是要求领导者简单地把权力下放，这是一种全新的领导方式。领导放权的同时，应该做什么？首先，领导有责任把一项工作的目的和意义解释清楚，让下属做事时充满目的感和意义感。其次，领导有责任评估承接权力的下属承担这项工作的能力，并在工作中提供必要的支持。最后，一项工作完成后，领导者有责任向下属进行反馈，这项工作有哪些亮点、哪些不足，下次如何能做得更好。在这样的环境下，下属就会得到更快的成长，以后可以承担更大的责任。

三峡巴西倡导协商的领导力文化。孔雀王朝的考底利耶在两千多年前说过："诸事之成功，皆发端于商议。"所谓商议，就是最大可能地发挥每一个个体的聪明才智，让集体的决策成为可能情况下的最优决策。巴西的商业文化受美国和葡萄牙的影响最为深远。在很多巴西企业中可以看到美国企业的影子：公司里有一个明星首席执行官，享有更大的权力和很高的威望，在工作中往往有很大的影响力。同样，莱茵模式影响下的葡萄牙，为巴西企业带来了更平等的协商文化。巴西兼收并蓄，在现代化企业中形成了非常独特的协商文化。很多企业取消了单独办公室，公司总经理和普通员工一样，在开放的空间工作，进一步促进了协商文化的形成和发展。率先实现全员开放办公的巴西公司，不是高科技企业，而是一家银行。布拉德斯科银行（Bradesco）早在20世纪60年代就实现了全员开放办公，今天，这家银行已经成为巴西最大的私人银行，在国际上也享有盛名。

三峡巴西刚刚实行开放办公的时候，很多同事并不完全适应，而且有很多的顾虑。有人提议，公司最高管理层还应该有独立办公室；有人说，最高管理层可以开放办公，但这个小空间还是要和其他员工分开；有人说，至少首席执行官需要单独的办公室。但最终，公司采取了全部开放的方案。物理的墙被打开后，心里的墙也逐步解体，大家越来越坦诚地对话，很多事情之前需要多次酝酿沟通，现在可以通过几分钟的对话解决。员工不再觉得领导们有什么不同，可以更加轻松地走过来说话。

领导团队

哈佛大学教授鲁思·韦格曼（Ruth Wageman）是世界公认的团队领导力顶级专家，她与黛布拉·努内斯（Debra Nunes）、詹姆斯·布鲁斯（James Burruss）和理查德·哈克曼（Richard Hackman）合著的《高级领导团队》（*Senior Leadership Teams*）一书指出，带有英雄主义色彩的公司首席执行官正在走下神坛，团队领导模式正在兴起。作者自1998年起研究了120个全球大型企业高级领导团队后，得出上述结论。他们认为，遍布市场的领导力书籍，充斥了对一个人对企业的影响的过度强调，而日趋复杂的市场环境，让任何一个首席执行官，不论多么有才华，都在知识和认识上捉襟见肘。上述四位作者，有两位是来自顶级大学的教授，另两位来自全球知名的人力资源顾问公司，是学院派和实践派的完美结合。他们的发现值得我们深入思考。

三峡巴西的管理层是典型的团队领导模式，运行好这个机制并非易事，但也算是一家公司最重要的事情之一了。

为了建立科学合理的集体领导工作机制，需要先假想两个极端情形。一个极端情形，是所有的副总经理均独立工作，超出权限的事务提交总经理决策。这种极端模式下，并不存在一个真正意义的"领导团队"，只有一个"领导团体"，并没有发挥团队工作（team-work）的优势。这种极端情形，效率最高，但未必能持续作出最优的决策。另一个极端情形，就是执委会变成一个简单的投票机器，不论针对什么讨论事项，不论哪个执委会成员最熟悉、最相关、最有知识优势，大家都集体讨论决策。这种情形有两种弊端：一是对问题不熟悉的委员，需要花费大量的时间理解事情的来龙去脉，不完全理解，不愿意表态；二是工作中与所议问题关联不大的委员不愿意花时间研究，随意表态。

上述的两个极端情形，都无法发挥团队领导的优势。从企业文化的角度，我认为一个优秀的领导团队需要具备如下要素。

一是团队要有共同愿景。一个清晰且富有感召力的团队愿景，会振奋人心、凝聚力量。三峡巴西管理层团队有一个共同的梦想，那就是利用中国和巴西的水电能力、管理经验和人才队伍，把三峡巴西建设成为一家卓越的公司，不论用什么标准去衡量，都要足够卓越，成为巴西电力行业响当当的公司。这样一个朴素的愿景，激励着团队永不自满、不断向前。

二是团队要充分互信。我觉得团队的互信，不只是一个人对另一个人工作能力的信任、作出正确决策的信任。这种互信是不够的，若干A级队员不一定能组成一个A级团队。真正的互信，发生在这些微妙的时刻：一个队员不懂一件事可以坦然地向队友求助，而不用担心任何不好的后果；一个队员激烈反对另一个队员的观点，而不会担心对方误会；一个队员作出了错误的判断，能够在队友面前坦然地承认错误，而不会担心被人贬低。这种互信，是真正的人与人之间的互信。

三是团队要多元包容。这是团队领导的精髓，因为团队成员的不同背景和不同思维方式，可以让问题的讨论更加充分和富有创造性。有的时候，一个人看待问题的角度在另外一个人看来是不同寻常，甚至荒诞的。但恰恰是因为这种多元，才会引发更多的思考。三峡巴西管理层成员的构成比较多元。有人曾长期在欧美跨国企业的巴西公司主持财务工作；有人曾长期在巴西国有电力公司分管电力生产和营销工作；有人曾长期在大型私营企业领导人力资源和企业文化工作；有人长期在三峡集团工作，见证了三峡集团从中国走向世界的过程。

三峡巴西的高管团队经常开展团队建设。有时会把高管团队拉到偏远的山村酒店封闭两天。在职业教练的组织下，大家敞开心扉、卸下防备，将最真实的自己自然而然地展示出来，将自己对别人最真实的想法和期待没有顾虑地说出来。在这样的基础上，大家围绕团队的愿景，探讨我们哪些方面做得好、哪些方面做得不好，并形成清晰的约定，共同承诺在未来的一段日子里，改进不足，更好地为公司服务。

第四部分
可持续发展

PART

4

第十章

自然中的企业

我们影响了别人的利益,需要对方同意。我们侵犯子孙后代的利益,却可以无所顾忌,因为他们还没有出生,无法抗争。我们关爱地球,不过是给我们自己的后代留条活路。

来自未来的抗议

巴西是一个在可持续发展领域作出重要贡献的国家。1992年在里约热内卢召开的联合国环境与发展大会（地球峰会），吸引了来自178个国家的1.5万名代表与会，118个国家的国家元首和政府首脑参加了大会。会议被认为是可持续发展理念从理论走向实践的重要里程碑之一。大会通过了3个文件——《里约环境与发展宣言》（简称《里约宣言》）、《21世纪议程》和《关于森林问题的原则声明》以及2个公约——《气候变化框架公约》和《生物多样性公约》。《里约宣言》发表了27项原则，在许多方面对《斯德哥尔摩宣言》作出了重要的发展。20年后的2012年6月，各国再次聚首里约，召开里约+20联合国可持续发展大会，大会通过了题为《我们憧憬的未来》的成果文件，展示了未来可持续发展的前景。时任联合国秘书长潘基文说："里约+20峰会将成为我们这个时代最重要的全球可持续发展会议之一。"

很多时候，我们的发展是在牺牲后人的利益。同时代的人之间如果出现利益分配不均，或者损害了某一个群体的利益，大家会起来抗争，形式工具也五花八门、多种多样。但跨代的掠取则不然。后代人尚未出生，无从抗议，只要当代人达成了协议，就可以名正言顺地先行支取子孙后代的财富。可持续发展就是要面对这样的问题。

可能正因如此，1992年和2012年的里约地球峰会，均由青少年向到场的一百多位各国首脑作开场演讲。1992年的演讲者是来自加拿大的13岁少女珊文·铃木（Severn Suzuki），2012年的演讲者是来自新西兰的17岁少女布列塔尼·特里尔福德（Brittany Trilford）。

说到这里，大家可能会想起瑞典女孩、年轻的环保者格蕾塔·桑伯格（Greta Thunberg）。在2018年于波兰召开的第24届联合国气候变化峰会（COP24）上，15岁的格蕾塔发表演讲，引起热议。2019年12月11日，她获评《时代》杂志2019年度人物。12月13日，入选2019全球最具影响力女性榜。2019年获诺贝尔和平奖提名。

第十章
自然中的企业

这三个女孩都对当前环境的现状表现出了与她们年龄不符的忧虑和愤怒。

> 珊文·铃木说:"你们大人说爱我们,但是我挑战你们,请你们言行一致。"(You grown-ups say you love us. But I challenge you, please, make your actions reflect your words.)
>
> 布列塔尼·特里尔福德说:"我站在这里,内心如焚。我对世界的现状迷茫和愤怒,我希望我们一起努力去改变。"(I stand here with fire in my heart. I'm confused and angry at the state of the world and I want us to work together now to change this.)
>
> 格蕾塔·桑伯格说:"你们说爱孩子胜过一切,但你们正在从他们眼前偷走他们的未来。"(You say you love your children above all else, and yet you are stealing their future in front of their very eyes.)

三个年轻的女孩,代表未来一代向今天的世界提出挑战,振聋发聩,引人深思。

古代的自然环境是不是比今天要好?虽然没有确凿的证据,但从古代极其发达的星相学可以想象,古代的星空一定十分清澈,人类求索的目光可以到达更深邃的夜空。华夏大地、尼罗河畔、两河流域、古代印度,都有高度发达的天文学成就。中国更有"三代以上,人人皆知天文"的说法。

化石能源的形成需要千百万年,而人类耗尽化石能源可能仅需几百年,在人类历史上是非常短暂的一段时间。相应地,人类使用这些化石资源,在短短200年里创造的财富超过过去几千年的总和。这是一种奇特而有些不祥的现象。仿佛一个人清贫地生活了几十年,突然在院子里挖出了祖上留下来的珠宝，而很快，珠宝就被挥霍一空。他面临两个选择：一是回到过去清贫的生活，那他可能难以适应；二是找到一种新的财富，维持他奢华的生活。美国知名能源专家丹尼尔·耶金（Daniel Yirgin）称这一时代的人为"碳氢人"（hydrocarbon man）。

国与国之间的自然环境差异很大。对于有些国家，自然环境仍然健康优美、富有活力，是"资产"，人们还可以支出、消费；对于有些国家，自然环境经过长时间的侵蚀破坏，已经不堪重负，是"负债"，人们需要投入、建设，才能让环境回归正常。巴西的自然环境是资产，而且是优良资产。

人类的世界观有两种。一种认为，人是一种栖居地球的动物，和猫猫狗狗等没有本质区别，甚至和花花草草等也没有本质区别，只是在进化过程中阴差阳错地比其他生物有了更多的智慧，在大自然面前依然很无助。他们敬畏自然，只要在大自然的馈赠下有一口饭吃，就觉得很满足。另一种认为，人是独特的生命，在人类面前，其他动植物的生命是那么低贱而不值一提。他们觉得大自然完全在人的掌控之下，只要人类发发脾气，大自然就要遭殃，砍他一些树木，烧他一片草原，大自然毫无还手之力。

近些年来，不管你信仰什么样的世界观，大家开始有一些共识，那就是气候在变化。冰川在融化，海平面在升高。空气难得清新，污染越发严重。我们突然发现，这不再是一个世界观的问题，这是人类自我生存的问题，是事关"我"的私利问题。一旦信仰问题和道德问题蜕化为利益问题和经济问题，企业就不可避免地成为主角。而社会对企业的期待，尤其是对跨国企业的期待，越来越高。

可口可乐公司因为用水太多曾经备受争议，尽管生产饮料就是需要很多水。杜克能源因为煤电厂排放而饱受诟病，其原董事长的住处据说都被扔过砖头。香奈儿因为使用特殊的皮草制作时尚产品而遭到抵制。在保护环境的使命中，政府、企业和消费者到底该分别扮演什么角色？政府是否有足够的智慧制定和执行最适当的规则？消费者是否有足够的自制力约束自己的消费活动？企业在利益和道德面前如何抉择？

第十章
自然中的企业

企业的两难

芝加哥经济学派领军人物米尔顿·弗里德曼（Milton Friedman）曾说过：企业有且只有一个社会责任，那就是在规则之下创造更大的利润。弗里德曼的观点虽然听起来"政治上不正确"，受到了很多人的批评，但也有他的道理。

自由主义经济理念就是鼓励竞争。企业在各种规则的约束下，通过各种努力提高自身竞争力，为股东（或利益相关方）创造更大的价值。股东希望企业经营者在遵纪守法的前提下，为自己创造最大化的收益，是再正常不过的。环境保护不能依靠企业的良知，或者管理者的个人喜好。如果一家企业的管理者是一个热心环保的人士，他使用企业的资源（股东的资源）去做环保公益事业，这对股东是否公平？如果企业不开展这些公益事业，那么这些节省下来的开支将以分红的方式还给股东，股东自然有他自己的渠道和偏好去开展环保公益事业，而不必劳烦企业经营者。

如果法律规定二氧化碳的排放标准是X，所有企业都要按照X的标准进行生产。如果有一家企业，它的经营者有强烈的环保意识，坚持按照X/2的标准进行生产，他们因此需要投入更昂贵的设备，提高了成本，降低了竞争力，这是否是公平竞争？如果这家企业因此而走向倒闭，是否会有人惋惜这家企业为了保护环境而破产？如果这家企业被竞争对手并购，并被重新改造，按照X的标准进行生产，从而节约了成本，为股东创造了价值，这是不是劣币驱逐良币？所以，我认为政府和监管机构应该制定好的规则，让企业在规则之下自由竞争。

从功利的角度，一家企业把这些事情做"优"，对企业的经济效益会有帮助。这样的企业，可以吸引更好的员工加盟，把优秀的员工留下。比如，新一代的职场员工，就更加在意企业的可持续发展理念和做法；一家出过环保丑闻的公司，也有流失优秀员工的风险。这样的企业，可以建立良好的品牌形象和市场口碑，卖出更多的商品，有时甚至可以卖出更高的价格。比如，有的消费者愿意支付更高的价格，去购买对环境影响更小的商品。但把事情做优是有成本的。随着标准的提高，企业的开支会随之提高，边际效益递减，在某一个临界线上，企业继续做优的成本将大于收益。我们姑且称这条线为"功利线"。

从法律的角度，各个国家和地区针对这些问题都有明确的规定来约束企业的行为。比如对生产过程能源消耗的规定、企业排污的标准、劳动法的约束、消费者权益保护等。这些规定共同形成了企业经营的底线。我们姑且称之为"法律线"。

在有的市场，功利线可能高于法律线，那么一家聪明的企业会跟随自己的功利线，既满足了法律的底线要求，又展现了一家优秀企业的风范，获得更好的收益。简直是名利双收。在有的市场，法律线可能高于功利线，也就是说法律的标准较高，那么一家理性的企业就应该遵守法律的规定。

现实中，往往还存在第三条线，我们称之为"道德线"。这是企业经营者的主观标准和价值取向。比如，一个企业家认为，企业应该为社会培养人才，所以把企业本来可以实现的利润投入人力资源开发上，为本企业和市场上其他企业培养了大量的人才。这对企业的股东是不公平的，企业经营者用股东的资源履行了过多的社会责任。如果一个企业家是比较激进的环保主义者，也会出现类似的局面，他会在环境保护方面过度开支。某种意义上，这是企业经营者利用股东的资源，去做了有利于整个社会的善事，满足了企业经营者个人的价值取向。当然，也有企业的道德线低于法律线，它们就会有触犯法律的冲动，比如超标准排污、苛待雇员、欺骗消费者等，会受到法律的制裁。

问题是，我们需不需要一条高于功利线和法律线的道德线？企业不是个人，而是一个利益共同体，企业的利益相关方是靠契约凝聚在一起的。我们不需要对企业进行道德绑架。

企业和企业间的竞争，应该建立在公平的基础上。政府和监管机构应该制定合理的规定，让所有企业共同遵守。这些规定还应该随着行业的发展和社会的进步进行优化。这就像一场球赛，只要在规则允许范围内，得分多者为胜。一支球队自可处处礼让，但没有人会记得输掉比赛的谦谦君子。

上述的某些观点，看起来缺乏温情，但更符合市场残酷竞争的现实。可喜的是，随着社会的进步，企业的功利线已经越来越高。消费者愿意为清洁能源支付更高的电费，为善待员工的企业加油喝彩。

有些企业家和学者希望把环境保护和企业经营结合起来，让两件事不再矛盾。沃尔玛的原首席执行官李·斯科特（Lee Scott）曾说过："对于我们，做负责任的企业公民与成功的商业运营，是一件事，没有区别。"我不知道这句话里有多少是公关的成分。企业社会责任的学者们，用英文拗口地说出：企业既要 do well，也要 do good。翻译成中文，就更加拗口了：企业既要做好事，也要做好事。前一个"好"是副词，修饰"做"，是把事情做好，也就是把企业经营好，赚到钱；后一个"好"是形容词，修饰"事"，是做善举、做好人好事的意思。这两件事真的没有矛盾吗？

丹尼尔·埃斯蒂（Daniel C. Esty）和安德鲁·温斯顿（Andrew S. Winston）合著的《点绿成金》（*Green to Gold*）一书，分析了很多"聪明"的企业利用环境战略进行创新，创造价值，建立更加强劲的竞争优势。正如书名所示，作者认为绿色理念可以变成黄金。这与习近平总书记提出的"绿水青山就是金山银山"的理念相近。

我认为，企业有两种不同的践行可持续性发展的方式。一种是利用企业赚的钱做善事，另一种是在做事的过程中做善事。第一种方式，更多体现为捐赠，是进行了财富的再次分配，其实并没有额外创造价值。如果企业不做这些善事，这些钱会以分红的形式回馈给股东，会以交税的形式上缴国库，股东和政府都可以做同样的善事。第二种方式，是更加宝贵的可持续发展做法。那就是在经营过程中推动节约、减少浪费，让生产过程更加节能环保，把企业负面外部性降到最低。

一家企业，不论业绩多么优秀、行业影响多么巨大，如果不能很好履行企业社会责任，对自然环境和社会经济产生了负面影响，就永远无法成为一家世界一流的企业。当今时代，一方面，企业已经成为社会组成要素的最主要形式；另一方面，企业的规模和对社会的影响越来越大。企业承担更多的社会责任，是社会的诉求，更是一家优秀企业应有的担当和情怀。

可持续发展理念或企业社会责任，远远不止于拿出企业的部分利润所得，通过不同的形式去保护自然、回馈社会，而应该是贯穿企业经营方方面面的思维方式和行动纲领。一家世界一流的企业，从原材料采购的绿色标准到生产环节的高效低碳，从技术管理创新到推动行业发展，从员工职业健康安全到员工职业发展，从全方位合规经营到行业风清气正的倡导，从企业独善其身到供应链全面统一可持续发展标准，都应以一流的标准要求自己。越是优秀的公司，越会尊崇自然，感恩社会，以人为本，充满谦卑敬畏之心。

三峡巴西环保实践

首先介绍"生态走廊"项目。2018年8月，三峡巴西终于等来了期盼已久的好消息："生态走廊"项目被巴西环保署（IBAMA）审批通过。

朱比亚、伊利亚电站所在的巴拉那河，有一条叫作苏库里乌河的支流，这条河又通过其他河流通向潘塔那尔（Pantanal）湿地。潘塔那尔是世界上最大的湿地，有着全球动植物最密集的生态系统。此外，苏库里乌河周边还有一些植物群和动物群较为丰富的国家公园。苏库里乌河的生态环境具有非常强大的辐射能力，但存在这样一个问题：河流两岸的林区分布较为分散，森林里的动物被隔离成独立的种群，近亲繁殖的可能性很高，导致动物们的基因杂合率逐渐降低，灭绝风险逐步增大。三峡巴西公司选取了苏库里乌河长至400千米的河段，拟在两岸分别建立宽度为5千米的林区，即"生态走廊"。通过在植被较少的地区植树造林，三峡巴西公司将已经碎片化的林区，即动物的栖息地连接起来，这样动物种群就可以自由迁移和繁殖，从而提升动物的基因杂合率，保护当地生物多样性。

这个项目听起来很简单，不就是在河两岸种树吗？但种树背后大有学问。为了使恢复的植被能够最大限度地符合当地动物种群的生存、迁移和繁殖条件，我们要对区域内的地质、土壤和每一片林区的类型进行识别与研究，对当地动物种群的迁移路线进行监测。此外，区域内的土地并不都是公共的，有的片区归私人所有，需要和户主一个一个地沟通，说服他们在自己的地盘上恢复植被，并向他们提供技术指导和树苗。此外，在规划的时候只考虑动物与植被还不够，我们还要考虑人。生态走廊建起来了，在附近进行农业、渔业、畜牧业生产的人怎么办？他们的经济情况会受到怎样的影响？

这不是一个小项目，预计需要10年来完成。这个项目的内涵非常丰富，除了森林再造，我们还主动承担了一项被列入巴西联邦保护区管理机构（ICMBio）年度行动计划的重要任务：监测巨獭的数量，并对现存巨獭进行保护。巨獭是一种水栖食肉哺乳动物，原生于南美，时下已经濒临灭绝。苏库里乌河周边曾经是巨獭的出没地点，但是已经很久没有人见过巨獭了。我们请来了专业团队协助进行巨獭的识别与监测。在大家的共同努力下，人类对巨獭的了解与保护一定能够更进一步。

现在"生态走廊"项目刚刚起步，相信10年后，我们可以自豪地指着苏库里乌河说，巴西这抹亮丽的绿色，是中国三峡留下的。

再来介绍"金贻贝"的故事。近年来，生物入侵成为环境专家和普通民众既关心又头疼的问题。在巴西，类似情况也在发生。一种叫金贻贝的淡水贝类正对当地生态平衡造成巨大影响。为此，三峡巴西公司祭出终极武器——通过基因诱导技术阻断其繁殖，从根本上控制和消灭这一入侵物种。

金贻贝又名沼蛤，身长一般不超过2厘米，是一种繁殖能力极强、环境危害巨大的亚洲淡水贻贝。金贻贝的年繁殖密度可达每平方米1.5万只，其大量生长将对流域水质、水利水电工程造成极大破坏。自20世纪90年代初随远航船舶进入南美洲以来，金贻贝就以惊人的速度繁殖并不断扩展栖息地，如今已遍布包括巴西在内的5个南美国家。圣保罗等地的水电站和水处理厂每年需要花费大量资金对其进行清除，很多水电站甚至曾因为金贻贝入侵导致检修停产。毫无疑问，这种生态冲击对于亚马孙流域的环境有着巨大影响。

事实上，金贻贝的生物侵害已得到国际公认。清华大学、武汉大学、湖北省水利水电规划勘测设计院等国内科研院所均开展过金贻贝的危害及防治研究，认为其高密度附着繁殖会改变水工建筑物的功能结构，影响安全运营，同时会消耗水体中的溶解氧，使水质进一步恶化，带来严重的经济损失和环境危害。目前，对金贻贝的治理主要采用物理移除和化学灭杀手段，但都面临环境附带影响大、杀灭不彻底等问题。

2017年4月起，三峡巴西公司与巴西生物局技术中心等研究机构合作，研究通过基因技术从根本上解决金贻贝生物污染问题。项目组对金贻贝的基因组进行了图谱绘制，这也是在巴西第一次对复杂生物体的基因图谱进行绘制。随后，对这种入侵式的金贻贝的基因进行改造处理，以终止其繁殖能力。编辑基因组就像拼贴，只不过用的是"分子剪刀"，即具有切割和胶合作用的酶。通过一种名为CRISPR的分子缝合技术，可以从DNA中去除产生蛋白质的基因，从而阻止雌性卵成熟。然后插入其他基因，以使这个特性扩散到生物体的所有细胞。下一阶段，会将这些新的基因结构与仅活跃于胚胎发育过程的DNA区域进行连接，使它们只在下一代中表达。这些实验室培育出的金贻贝放生后，与野生金贻贝繁育出来的下一代将不再具有繁殖能力或附着能力，最终达到控制其数量直至消灭该入侵物种的目的，促进当地生态平衡。

第十章
自然中的企业

2019年4月24日晚，央视第二届"一带一路"国际合作高峰论坛主题纪录片《共筑未来》播出第三集《美美与共》。该片独立章节"金贻贝的挑战"由三峡巴西公司协助拍摄，讲述了三峡巴西公司与当地科研机构进行合作，合力治理金贻贝环境污染的故事，获得了国内外观众的一致好评。三峡巴西围绕该主题拍摄企业宣传片并在其媒体宣传平台上进行推广，该宣传片在脸书上播放量达135万余次。

最后介绍鱼类增殖放流项目。鱼类增殖放流项目是保证水电站库区内鱼类种群持续繁殖的重要手段，也是三峡巴西公司践行企业社会责任、促进当地环境保护教育工作的一部分。该项目的持续成功实施在巴西市场上树立了三峡集团国际一流清洁能源公司的品牌和形象。

1972年，大萨尔托水电站库区鱼类繁殖中心启动，1976年进行第一批鱼类繁殖。每年，巴拉那帕内玛河流域的8座水电站会举行约150万尾鱼类的增殖放流活动。三峡巴西公司收购杜克巴西后，将该项活动推广至伊利亚和朱比亚水电站库区的巴拉那河流域，所有鱼苗都在大萨尔托水电站库区鱼类繁殖中心培育。如今，三峡巴西公司每年在巴拉那帕内玛河、巴拉那河放流鱼苗共计360万尾，放流鱼类包括鲳鱼、鲷鱼、钝齿兔脂鲤、宝莲灯鱼和墨西哥丽脂鲤等。

三峡巴西公司的鱼类增殖放流项目是明星项目，因为我们不只是机械地按照巴西环保署的要求进行增殖放流，社区参与和环保教育也是我们的工作重点。部分小规模的放流活动会向当地的社区和学校的孩子们开放，一般这些活动都会结合环保纪念日，如世界水日、世界环保日等进行。在向他们科普鱼类放流对生态系统的重要性和其他环保知识后，每个孩子都能亲历放鱼的过程。当孩子们看到小小的鱼苗活蹦乱跳地从他们的手中奔向河流时，别提有多开心了！每个孩子都是维护生物多样性的小使者。我们时常会收到周边市镇政府的邀请，希望我们去他们那里开展活动。我们会非常精心地挑选放流地点，一是要保证活动的安全性，二是要保证当地的生态条件符合放流要求。

该项目对于当地社区的意义不止于此。三峡巴西公司在萨普卡伊米林河上有两座小型水电站，这两座水电站每年放生鱼苗25万至30万尾。三峡巴西公司在放生鱼苗的同时，邀请圣保罗州立大学的学生对该流域鱼类的繁衍与放流进行考察。该项目不仅推动了当地居民的就业，也为当地的高校提供了极富意义的研发课题。

三峡巴西公司自身也从未停止研发创新的脚步。我们在各个流域放流鱼苗的尾数和种类都是由巴西环保署规定的，但这些相关规定一直缺乏科学依据。事实上，通过长期的观测与研究，我们发现，目前的放流模式并不能最有效地保护和恢复巴西流域本地鱼类种群。于是，我们与巴拉那州的隆德里纳州立大学合作，研发了一项将遗传学与生态学相结合的技术，旨在帮助科研人员更好地识别河流中正处于繁殖周期的鱼种，确保增殖放流的有效数量与合理结构。目前，根据研究成果，我们对巴西环保署规定的放流尾数及种类进行了调整，并在赫姗娜电站试点运用，以后将持续对赫珊娜电站与其他电站的情况进行监测和对比。公司的科研团队说："我们为取得的成绩感到骄傲，这一切都源于三峡的支持。这说明三峡是一个负责任的企业，一个充满能量的企业。我们相信，我们的能量能够产生更大的能量。尊重自然，企业也能长远发展。"

三峡巴西所拥有电站的水库库岸线比巴西国家海岸线还长，公司需要管理的库区及林地面积约1922平方千米，包括水质监测、鱼类增殖放流、林地修复、水土观测和控制，电站废物处理、环保教育宣传等几十个项目。在巴西的政府部门、行业机构、资本市场和公众媒体中，三峡巴西公司绿色发展的故事被一遍又一遍地讲起。2018年6月28日，在第16届巴西可持续发展最佳实践评比上，评委宣布三峡巴西的"大萨尔托电站生态与鱼类管理项目"与"库区保护和土地使用管理项目"获得最佳实践奖。三峡集团始终用心践行绿色发展的承诺，可持续发展理念早已写入三峡巴西的基因，成为其持续创造价值的指导原则。

从自己做起

一家企业的最高领导层可以"不食人间烟火"地畅谈可持续发展理念，企业的一线员工也往往热烈拥护绿色环保，并引以为荣。问题往往出在中层管理者。他们是一群被夹在中间，有着实实在在绩效指标，承上启下的核心骨干。对他们来说，可持续发展理念必须与企业的经营发展高度关联才有意义。这就要求企业必须有十分清晰的可持续发展政策指引，让每一位员工都理解公司的可持续发展理念是什么，关注的重点领域有哪些，成果如何衡量。否则，可持续发展理念很有可能成为公司领导者的谈资，或者公司宣传的时髦口号。

没有完美的能源。简朴的生活才是终极的解决方案。常常有人以环保为由，质疑水电开发。我会反驳道：先看看自己车库里有几辆车，看看你家有多少闲置的空间，衣柜里有多少不穿的衣服，抽屉里有多少不用的电子设备，甚至办公桌上有多少支从来不用的笔，然后我们再来谈环保。如果你具备了谈环保的资格，接下来的问题是：你不喜欢水电，那你希望用哪种能源来支持你的"挥霍无度"？

有人曾说，最绿色的能源是节约下来的能源。这话说得有道理。哪有纯粹绿色的能源呢？水电会带来一定的土地淹没，火电会污染大气，核电会产生核废料，风电会产生噪声，就连最环保的太阳能，在制造光伏组件的过程中，也要消耗大量能源、产生废物。面对现代社会发展经济的冲动和消费的无尽欲望，我们该怎么办？

第十一章
社会中的企业

谁是企业的真正拥有者？

企业为谁存在？

2019年8月19日，美国商业组织商业圆桌会议（Business Roundtable）在华盛顿发布了一份由181位美国世界级公司首席执行官共同签署的声明文件——《公司宗旨宣言书》。声明中称，公司存在的目的是让所有利益相关方受益，而不仅仅是股东。商业圆桌会议成立于1972年，里面聚集了一大批美国最具影响力的企业领袖，包括亚马逊的杰夫·贝佐斯、苹果公司的蒂姆·库克、波音公司的丹尼斯·米伦伯格，以及通用汽车公司的玛丽·巴拉等。

这个声明的观点谈不上新颖，欧陆国家早已不同程度地拥抱"利益相关方"的理念。股东仅是利益相关方之一，还有雇员、顾客、供应商和社区等。但这个声明的重要意义在于：它来自美国，一个信仰"股东至上"的国家。自1978年以来，商业圆桌会议会定期发布一些公司治理原则声明。从1997年起，该组织发布的每份声明文件都赞同"股东至上"的原则——公司的首要任务就是让股东受益，并实现利润最大化。而2019年这份《公司宗旨宣言书》则强调：作为一个具有社会责任意识的企业，公司领导通过雇用不同群体并提供公平的待遇来投资员工；与供应商交易时遵守商业道德；积极投身社会事业；注重可持续发展，为股东创造长期价值。践行可持续发展理念，最终会触及公司治理问题，诸如企业归谁所有，谁作出重要决定，如何作出决定。"企业归谁所有"这个问题没有看起来那么简单。判断的标准是什么？是股权吗？是决策权吗？是利益分配权吗？

如果企业存在的宗旨是关照这么多人的利益，那么从利益原则出发是不是可以理解为，企业归这些利益相关方共同所有呢？

关照社区利益

每一座水电站都有一个水库。居民肆意利用水电站库区土地，导致生态平衡和生物多样性遭到破坏，一直都是让巴西政府头疼的问题。20世纪80年代，巴西政府颁布了《国家环保法案》，对水电站库区土地的使用作出规定，以期实现对库区土地与水资源的科学合理利用。但现实中，由于社区居民的法律意识较为淡薄，该法律的约束效果并不理想。

在巴西，水电站的特许权所有者也需履行库区土地管理的部分义务。一些企业为了方便管控，干脆禁止居民在库区土地上从事任何农业、渔业、畜牧业等活动，并将库区土地上建成的各种设施、房屋等强制拆除。这种做法招致了当地居民的强烈不满，一时间企业与库区周边居民站在了对立面，冲突与纠纷频起。

三峡巴西公司相信，库区土地在科学合理利用的前提下，是能为居民带来收入、为社会创造经济效益的，需要制止的是非法利用库区土地的情况，而这种情况多是居民法律意识淡薄导致的。很多当地居民并不清楚国家对库区土地利用的规定，也并不知道非法利用库区土地对环境的危害。

在此背景下，三峡巴西公司决定超越其"电力供应者"的角色，与环保监管机构和社区直接展开对话，研究科学引导库区居民合理利用库区土地的对策。经过审慎的试点研究和160余次与利益相关方的会议，2017年10月7日，三峡巴西公司在其下属14座电站附近的社区启动了土地管理项目，命名为"Espaço Legal"。活动范围涵盖巴西6个州的125座城市。在葡萄牙语中，legal既有合法的意思，也有酷的意思。"Espaço Legal"一语双关，既可以翻译成"合法地域"，也可以翻译成"酷领地"。这两层意思，也是三峡巴西追求的目标。

在项目中，三峡巴西与库区居民和相关企业"约法三章"：如想利用库区周边土地进行农业、渔业、畜牧业、采矿业、房地产业等相关活动，必须按照三峡巴西公司官网上的材料清单准备相关材料，按照规定的流程，经过三峡巴西初审与当地环境机构终审。之后，库区居民得到土地使用许可，与三峡巴西签署正式的《土地使用协议》。至此，土地使用申请才算完成闭环处理。这样，在三峡巴西的指导与支持下，库区居民能够高效而顺利地完成审批流程并利用库区土地进行合法的生产活动，政府得以充分把握库区土地使用的情况，三峡巴西公司也履行了协助监管库区土地利用的义务，助力了当地经济可持续发展，可谓一举三得。

三峡巴西公司的倡议获得了环境机构与水库周边市镇政府的广泛支持，地方媒体也争相对该活动进行报道。圣保罗环保局（CETESP）表示，自从三峡巴西公司启动"Espaço Legal"项目以来，圣保罗环保局收到的土地使用审批申请大幅增加，越来越多高质量的、符合监管要求的生产活动在库区进行，三峡巴西公司的倡议获得了非常积极的实践效果。

社会层面，该项目通过直接影响土地用户和企业家的意识，改变了其现有的经营观念与模式；环境层面，来自专业团队的指导使得土地利用更加有序科学，削弱了其对环境的影响；经济层面，对水库的各种用途的投资拥有了更强有力的法律保障。我们骄傲地看到，现在有些电力公司也纷纷效仿三峡巴西公司，开始尝试通过与社区对话的方式解决库区土地非法使用的问题。

三峡巴西的"Espaço Legal"项目并没有花费很大的成本，却解决了企业和社区长期存在的矛盾。更为重要的是，这个项目为社区居民提供了一个稳定的经济来源，造福了一方百姓。企业如果仅把社区关系作为一个法律义务去管理，往往会在法律规定下采取简单的处理方式。企业如果能够把社区利益看作企业目标之一，自然会开动脑筋、创新思路，用更加辩证的视角管理各个相关方的利益。

企业社会责任实践

在电站周边社区开展丰富多彩的文化教育活动，是三峡巴西公司积极履行企业社会责任、回馈当地社区、当好企业公民的重要途径之一。公司制定清晰的项目选择、扶持、管理策略，将创新、绿色、共享理念融入具体项目。三峡巴西积极赞助了电站周边社区环保、文化、教育活动，以加强与社区的对话、拉近与社区的距离。

2018年三峡巴西在电站周边的125个城市赞助了50余项社会活动，包括社会公益主题舞台剧巡演、科普读物发行、绿色长跑等，惠及人数超过10万。

2019年，三峡巴西在电站周边的城市举办了中国中央芭蕾舞团巴西巡演、"快乐阅读"、Guri项目、"全民健康"等22个社会项目，受到了社区居民的一致好评。

2019年5月至6月，三峡巴西赞助的中国中央芭蕾舞团在巴西的4个城市进行巡演。芭蕾舞团携《大红灯笼高高挂》和《天鹅湖》亮相巴西，为当地民众献上了一场带有浓郁中国元素的精彩表演，将中国优秀的文化作品推向世界舞台。除常规演出外，舞团还面向低收入社区居民举行公开排练，使芭蕾艺术深入当地社区。

三峡巴西公司通过当地税收激励政策赞助"快乐阅读"社会公益项目。通过该项目，三峡巴西公司将在其下属电站周边发展程度较低的地区建立10个图书阅览室。除赠送图书外，项目还对50名导读师进行了培训，以提升社区居民的学习体验。预计该项目会使超过1.5万人受益。

Guri项目是巴西最大的青少年音乐教育项目。该项目旨在通过音乐教育，提高青少年的综合素质，促进青少年发展。Guri项目在圣保罗州设有341个音乐项目，三峡巴西公司通过当地税收优惠政策赞助其中7个项目，每年有超过1000名学生受益。

三峡巴西还利用税收优惠政策，在电站附近社区举办了12项以关爱儿童、青少年和老年人为主题的项目,约59万儿童、青少年和老年人受益。例如,三峡巴西公司为巴西癌症治疗医院(hospital de amor)的老年患者提供癌症治疗、食宿、心理指导等服务。

上述项目在中国和巴西民众之间搭建起了一座民心相通之桥,同时也提升了集团公司在巴西的品牌影响力,促进了三峡巴西公司与当地社区的沟通与融合。融入社区已成为三峡巴西品牌工作的一大特点。

在电站所在社区,三峡巴西采用主题宣讲、与利益相关方对话、建立专题网站、制作手册和海报等多种手段,宣传三峡巴西利用库区土地造福当地的创新实践,既传播了三峡的理念和价值观,也推广了企业的品牌和形象。经巴西企业传播协会评选,三峡巴西"库区土地管理项目"获圣保罗州巴西企业可持续发展类最佳传播实践奖,成为2018年度巴西最具影响力的可持续发展传播项目之一。

三峡巴西除了与巴西主流媒体保持良好关系,积极回应媒体关切外,还致力与地方媒体开展良好合作,使得外宣网络更加丰满立体。为加深巴西媒体对中国的了解,三峡巴西积极协助巴西当地媒体前往中国采访,深入了解中国故事。2018年5月,在三峡集团和三峡巴西公司的大力支持下,巴西最大电视网络——环球电视台(Globo)赴中国拍摄了纪录片《生命之旅——长江特辑》。同年8月,节目顺利播出,向巴西观众展示了三峡工程在防洪、航运、发电等方面的巨大效益和对长江流域的重要影响,同时展现了三峡集团与中国企业的良好形象。

三峡巴西还利用官网、脸书、领英(LinkedIn)、优兔(YouTube)和照片墙(Instagram)等平台,丰富媒体介质和宣传矩阵,提升线上传播力,多渠道多角度地展现了三峡巴西包容开放、积极创新、追求卓越、负责担当的企业风范。三峡巴西脸书粉丝数已超过10万人。

此外,三峡巴西公司积极参与国际大坝安全大会、能源解决方案展、巴西电力行业大会、巴西系统运营商与电力设施研讨会等行业重要活动,每年举办"三峡经验"(CTG Experience)研讨会,与同行共同探讨巴西电力行业发展趋势、企业家精神与可持续发展等议题。这些活动进一步拉近了三峡巴西公司与客户、供应商及政府监管机构间的距离，并提升了三峡集团在巴西电力市场中的影响力。为进一步凸显三峡巴西公司致力于成为巴西清洁能源行业引领者的品牌定位，三峡巴西公司将品牌标语更新为"三峡巴西：清洁能源，卓尔不凡"（CTG Brasil: More than Energy, Clean Energy），在所有社交平台账号上应用配套的视觉形象设计，并制作同主题宣传片在环球电视台进行投放，向巴西人民展现了三峡集团电力开发的绿色理念和为当地可持续发展负责任的企业形象，从而巩固了三峡品牌在当地市场的良好口碑。

2017年以来，三峡巴西以提升属地化经营管理能力为重点，致力于推动公司从战略投资型向产业运营型转变，实现国有资产的保值增值和提质增效。伴随这一进程，三峡巴西的品牌建设开始向纵深发展，与公司战略更紧密地结合。三峡巴西将可持续发展融入企业基因，坚持以人为本，强调员工的职业健康与个人发展，使每位员工都成为三峡巴西合格的品牌大使；尊重自然与社区居民，将电站建设运营和当地生态环境保护、经济文化发展有机结合；遵循高标准的职业道德和合规文化，透明地、有尊严地经营企业，并把这种理念向其供货商、合作伙伴和顾客延伸，致力于打造一个干净的、合作共赢的价值链。基于这些可持续发展实践，三峡巴西利用丰富的外宣手段和传播渠道，积极传播三峡集团的环境观、责任观和发展观，逐个击破巴西市场对中国企业持有的"刻板印象"，稳固企业良好的形象与声誉，持续提升品牌影响力。

反腐败是重要社会责任

2015年5月18日，巴西最大的企业集团之一奥德布莱希特（Odebrecht）的总裁马塞洛·奥德布莱希特（Marcelo Odebrecht）与三峡巴西会谈。会谈中，他对三峡巴西的环保理念大加赞扬，并分享了他个人的环保理念。一个月后的6月19日，他被警察从家里带走，随后因行贿罪获刑19年。奥德布莱希特先生看起来十分珍视企业对自然的呵护，然而对于企业对社会的影响却抱有完全不同的价值观。殊不知，腐败对社会的毒害，与污水对河流的污染一样，影响深远。

英国学者约翰·艾尔金顿（John Elkington）早在1994年就提出"三重底线"（triple bottom line）的概念。"底线"（bottom line）一般指公司利润表的"最下面一行"，也就是利润。艾尔金顿指出，一家公司的利润不应只包含财务利润，还有社会利润和环境利润。诚信经营、抵制腐败，应该是一家企业社会责任的重要组成部分。

事发前的2014年，奥德布莱希特集团实现458亿美元的营业收入，是全球最大的工程承包公司之一。同期，巴西还有两家规模相当的承包企业：卡玛古·考利亚集团（Camargo Correa）和安德拉德·古铁雷斯集团（Andrade Gutierrez）。这些名噪一时的巴西三大建筑巨头，在2014年之后的几年里都遭到重创，从辉煌跌落谷底，举步维艰，濒临倒闭。它们都为公司的行贿行为付出了惨痛代价。

2014年，几个人在巴西利亚的一家洗车店里鬼鬼祟祟地密谋着。进一步的调查暴露出巴西石油公司和建筑公司行贿受贿的丑行。当局开始以"Lava Jato"（洗车）为代号开展调查。之后的几年，数百名政府高官、议员、企业高管遭到起诉，包括三名原总统，其中就有颇受百姓喜爱的平民总统卢拉。前文提到的马塞洛·奥德布莱希特就是在此背景下被捕入狱。他是公司创始人的孙子，在他治下的奥德布莱希特集团大肆行贿，收买官员，不光在巴西引起轩然大波，更是影响了其他12个国家的政府高层。

这些行业巨头的衰落对巴西造成巨大的冲击，对于电力行业尤其如此。长期以来，各家电力公司只是把这些建筑企业当作能力强大的服务商，并没有觉得不可或缺。但随着这些建筑巨头的倒下，他们引以为豪的工程技术和项目管理能力也土崩瓦解，特大型电力工程没有了这些建筑企业的支撑，已经无法有效开发。

三峡巴西进入巴西这六年，随着"洗车行动"的发起发酵、愈演愈烈和走向平息，目睹了昔日仰慕的企业纷纷落马，政府高官互相攻击、相继入狱。一场让人眼花缭乱的巴西版"纸牌屋"，在三峡巴西的成长过程中刻下了深深的烙印。三峡巴西成立之初，就立下严苛的职业道德标准，要有尊严地开办企业，绝不行贿。不但如此，我们还把一整套严格的职业道德规范要求向我们的供应商、服务商延伸，打造风清气正的商业生态环境。

2019年11月，在得知我将被调回中国管理一家国际工程企业的时候，我拜访了这三个昔日工程巨头的首席执行官，希望能够学习一下他们高光时刻的经验和受到制裁起死回生的教训。奥德布莱希特的新任总裁不再是家族成员，而是来自市场的职业经理人。据他介绍，"洗车行动"之后，公司与有关国家达成和解，重组债务，重构公司，引入职业经理人团队，建立严格的合规经营体制机制。公司逐步走出低谷，现有员工4.7万人，虽然与前些年全球18万雇员相比还有很大距离，但是公司已经开始回到健康的发展轨道。

虽然"洗车行动"短期来看对巴西产生了沉重的打击，但长期来看，这次巴西历史上规模最大的反腐行动将会对这个国家产生十分积极的影响。巴西民众第一次看到，政府高官、商业巨子并没有特权，他们可以被戴上手铐、关进监狱。巴西百姓对腐败行为一贯的"宽容心态"突然不见了，大家不再觉得事不关己、高高挂起。这种反腐意识的启蒙，对巴西十分重要。我们相信，巴西走出这个低谷后，将会变得更加透明、更加强大。

从历史上看，任何一个国家，想走进发达国家的行列，必须要迈过"反腐败"这道门槛。因为腐败猖獗，资源配置就会扭曲，最优秀的要素得不到最大限度的利用，最优秀的人才得不到最充分的施展，市场经济的命根子——信用——会大打折扣。巴西，一个有深藏不露的大国梦想的国家，如果能通过这次"洗车行动"得到重生，将会迎来更美好的明天。

第十二章
以人为本的企业

以人为本的真谛,是让人释放最大的潜能,成为最好的自己。

人类的一切努力，都是为了得到更好的生活，所以以人为本的理念源自本性，不容置疑。只是大家对于什么是"更好的生活"理解不同，文化、宗教、地域等因素都对"什么是幸福"有重要影响，跨国经营就需要考虑以人为本在不同国家的不同含义。企业如何践行以人为本的理念，也是企业价值观的最直接体现。

职业安全

2017年初，我参加一个研讨班，一群企业的高管们讨论生产安全的问题。随着讨论的深入，大家关注的热点话题开始转向安全考核指标、事故处置技巧，甚至员工索赔应对。大家在讨论过程中，并没有表现出对生命的敬畏和以人为本的人文关怀。如果我们关注的是冷冰冰的数字，而不是鲜活的生命和这些生命背后被撕裂的家庭，那我们就永远管理不好安全生产。

安全生产是所有企业都面临的一个两难问题。很多企业都提出安全第一、安全至上的理念，三峡巴西公司就把安全置于核心价值观的首要位置。但哪家企业能做到绝对安全呢？生产安全和生产效率本身就是一对矛盾，"安全第一"的口号解决不了这对矛盾。理论上说，绝对的安全就是绝对的停工。企业的生存要求企业有一定的生产效率，控制生产成本。因此，企业要解决的，是把握生产安全和生产效率的平衡。毕竟，我们不可能为每一位员工配备一位专属安全保卫员，也不能让员工穿戴盔甲作业。把安全生产放在多重要的位置，一是取决于法律法规的要求，比如安全生产指标达到某一个水平，公司将面临停业整顿、罚款、管理者下课等惩罚；二是取决于社会对企业的容忍程度，如果安全管理不好，企业将面临客户流失、员工离职、品牌受损等影响；三是取决于企业文化的价值取向，企业希望用什么样的成本去实现安全生产，实现自身对职业安全的追求。从这个角度看，似乎通过关注数字去进行安全管理也是情有可原的。毕竟有人说过：“不可计量的，就是不存在的。”（If you can't measure it, it does not exist.）

上面谈到的三个因素，有些企业更加依靠第一个因素，就是通过法律法规来约束企业安全生产行为。但这种方式在一定程度上会形成"达标就好"的思维，不能很好地激发企业内在的动力。就像孔子所说："道之以政，齐之以刑，民免而无耻；道之以德，齐之以礼，有耻且格。"在有些市场中，第二个因素发挥更大的作用，即依靠市场的力量约束企业的安全生产行为。尤其在企业社会责任越来越重要的今天，一家企业的安全生产不到位，将会导致巨大的企业形象危机，继而造成重大经济损失。在这两个硬性约束下，企业文化在安全生产中起着越来越大的作用。

有人说，企业文化就是在两难之下如何作选择。2018年2月20日，三峡巴西一台变压器起火。经过专家的判断，如果使用消防车灭火，有可能对工作人员人身安全和周边水域环境造成威胁，因此公司最终采取了让火燃烧并自然熄灭的策略，而没有去抢救变压器。以牺牲一台变压器为代价，避免人身安全和环境污染的风险，这就是在两难之下作选择体现出来的企业文化。这是以人为本的鲜明体现，不需多言。

企业员工有时会面对两难的局面。比如，某员工的领导要求他执行一项检修任务，而该员工认为有安全风险，那么是要违背上司的指令，还是违背安全原则？这名员工的选择实际上就反映了一种企业文化。如果一家企业等级森严，令行禁止，企业文化像军队文化，那这名员工很可能会选择承担安全风险去执行任务。如果一家企业的文化讲求平等，推崇协作，那这名员工就更可能拒绝执行上级的指令。三峡巴西明确要求，员工在认为有危险的情况下，可以拒绝工作。这种规定将更加强化员工的安全行为，但必须有一个强大的企业文化去支撑。

三峡巴西安全文化的形成并非一蹴而就。2016年7月1日0时，三峡巴西公司运行工程师在中控室通过电话向巴西电力调度中心报告："从此刻起，三峡巴西正式接管朱比亚和伊利亚两座水电站的运营。"这段对话被调度系统录制下来，永远留在历史的档案里。公司接管运营后的第一件事，并不是检查机器，而是检查安全。公司聘请专业的安全顾问对安全生产现状作出评估。经过严格、科学的调研，顾问提出两座水电站安全生产的严峻现状，认为提升到一个较好的水平需要5年时间。我们经过多次讨论，质疑为什么需要那么长的时间，难道不能缩短点儿吗？顾问给出了很严谨的解释，简言之就是："安全生产改进的本质是文化转型，而文化转型需要时间。"

三峡巴西启动了系统的安全提升行动计划，增加专职安全管理团队力量，更新安全管理标识，修订安全管理制度，加强安全文化宣贯。公司要求所有员工遇到安全风险状况时按4P原则处置，即葡萄牙语的pare（停下）、pense（思考）、previnase（防范）、prossiga（继续）。三峡巴西还借鉴了杜邦公司的安全管理理念，推行预防式安全检查。一系列的安全提升措施，让电厂安全生产情况日渐好转。三峡巴西电厂每个电梯间里都有一面镜子，当你看着镜子里面的自己时，也会看到下面的一行字："你看到的这个人，就是安全责任人！"

正如最初安全评估时预计的那样，人身安全的根本好转需要时间。三峡巴西虽然从2016年到2019年底并没有发生重大的人身安全事故，但发生过几起事件，只是因为运气好，没有造成人身伤亡。这些安全事件让三峡巴西十分忧虑。安全指标得到一定好转后开始停滞不前，无法达到理想的标准。值得一提的是，三峡巴西的安全生产考核指标，包括工作时间滑倒扭伤、手指划破等较小事件，因为根据安全管理的规律，小事故的积累会导致大事故的发生。经过进一步评估，三峡巴西公司认识到，电厂的管理文化阻碍了电厂安全管理的进一步提升。比如，几十年的稳定运行，让电厂形成了固化的、传统的威权文化。电厂管理者形成了一定的官僚习气，部分管理者对于安全文化提升有一定的抵触，他们不愿意接受外来的监督，更愿意维护现有体制，员工也不敢挑战管理者有悖安全文化的行为。甚至有管理者在生产区不戴安全帽，给员工作出了影响恶劣的示范。为此，三峡巴西下定决心，一次性调整了电厂近10名中高层管理者，起用一批年轻人担任重要岗位。安全文化在一批更加重视人身安全、更加重视团队协作的新一代管理者手中，得到迅速的推广。

职业健康和发展

职业安全是职业健康的基础和重要组成部分。安全得到保障后，就要考虑健康问题。我想最大的职业健康，就是能在工作中体会到幸福感。而一个幸福的员工，一定会给公司创造更大的价值。100多年前的福特汽车流水线，大大提高了劳动生产率，让汽车走进美国家庭，并影响了全世界。2018年5月，我在印度参观Maruti-Suzuki工厂，每12秒下线一辆铃木微型轿车，生产线上都是极其普通、没有多少技能的工人。这种模式，让每一名工人都变成了有极高可替代性的工具，完全没有任何议价空间，一个人离开，马上就可以找到另一个人代替。我想工人在这样的情境下，很难有幸福感。世界走进21世纪，知识经济成为经济发展的主要动力，每一个个体的幸福感变得十分重要，甚至是很多企业生存的前提。

如何在一家现代企业中提升员工的幸福感（进而提升企业的竞争能力）？我想除前面论述的人身安全外，还有工作稳定性、工作环境、薪酬待遇、同事关系、工作成就和自我提升几个因素。总的来说，这些因素往往没有放之四海而皆准的标准，而且有时相互冲突。正是权衡这些因素的过程，体现了一家企业的特有理念和价值观。

如果一家企业工作稳定而且待遇优厚，那么这家企业就很难维持较好的市场竞争能力。稳定且待遇优厚的工作还是有的，比如说大学里的终身教授，他们往往价值独特而且有极强的自我驱动。但毕竟这是少见的情形，大部分组织是做不到的。在一个充分竞争的市场，如果追求工作的稳定性，那就要适当牺牲薪酬待遇。如果追求更好的薪酬，那就要接受一定程度的优胜劣汰的压力。这是游戏规则。

三峡巴西的员工主要由三部分构成。第一部分在接近资本市场和人力资源市场的圣保罗公司总部，负责公司的战略职能管理。第二部分位于十几个地点不同的电厂。第三部分位于成本相对低廉、基础设施较好的库里奇巴共享服务中心，负责公司服务性和流程性的工作。

总体来看，这三部分员工对职业的追求是有差异的，公司对员工的期望也各有不同。圣保罗是南美洲最大的城市，是一个充满活力的世界级大都市，人力资本充沛，竞争激烈。从公司的角度，需要保证人力资源的较高水平，对知识更新速度的要求更高，要求员工更有开创精神，并愿意为此付出更高的代价。从员工的角度，市场机会多，个人职业成长期望高，追求在职场每一个阶段的综合收益最大化，在意工作稳定的同时更在意工作的回报。他们充满热情，不介意在机会来临的时候，勇敢地去开启人生的新篇章。他们在应聘一个新的岗位时，常常称这份工作为一个项目（project），言外之意，这只是一个临时的任务，这份工作有它的起点，有它的目标使命，自然也有目标达成的一天。他们在开始一份新工作时，往往会告知亲友，他们在接受一个新的挑战（challenge）。

电厂多数员工来自周边小城，非常在意工作的稳定性，而且由于工作的专业性，并没有太多可以选择的工作机会。因此，这些员工对公司有很强的归属感，愿意长长久久地在这里工作，并倾注很多感情。同样，对公司来说，一旦员工流失，通常很难在附近找到合适的替代人选，电厂的运行维护也需要一支稳定的队伍。而库里奇巴的员工，可以说处在这两类员工的中间，追求职业稳定和薪酬水平的平衡。

对于不同的员工群体，公司需要在一个统一的人力资源政策下进行差异化管理，以实现员工的幸福和企业的成功。比如电厂按照市场水平的适中分位确定薪酬，辅之以稳定的工作保障。而总部按照市场水平的较高分位确定薪酬，但辅之以更加苛刻的考核机制。这些不同的措施既考虑了企

第十二章
以人为本的企业

业的利益最大化，也最大限度地契合了员工的不同期望，让员工更加快乐地工作。

同事关系和工作成就同样是一对矛盾，虽然其矛盾性并非不言自明。学者研究发现，员工的工作感受很大程度上来自和周围同事的关系。同样，工作成就感是每一个职业人士的根本追求。那为什么会有矛盾呢？一个人要想有最大的工作成就感，从同事关系的角度，有这样几个影响因素：一是与上级同事的关系。领导需要给予足够的授权、支持和信任，下级要有影响领导、推动领导甚至挑战领导的组织环境和文化环境，这样才能更好地施展自己的才华。这样的上下级关系是否非常可遇不可求？二是与工作相关的同级同事的关系。要想最大化自己的工作成就，一个人需要有很强的水平协调能力，需要向工作相关的同级同事提出更高的要求，进行更有效率的配合，甚至要与同级同事竞争业绩、竞争资源。那么，你和这些同级同事的关系将是什么样子的？三是与下级同事的关系。要想工作有成就，就会给下属更大的工作压力，有时周末还要打打电话，有时要解聘不得力的员工。那么怎样更好地处理和下级的关系？如果一个职场人士追求和谐、轻松的工作关系，那就要牺牲一定的工作成就。如果同事关系过于紧张、竞争过于激烈，突破了一个阈值，也会影响工作成就。

一家企业要能够很好地平衡同事关系和工作成就之间的矛盾，这也是企业文化，而且受地域影响很大。比如，美国的很多企业，同事在一种高度竞争、高度协同的环境下实现工作成就。同事们未必相熟，有时今天来明天走也没有人在意，甚至也不会再有联系。而中国的很多企业，需要同事间建立起非常复杂的默契，这种默契往往还要建立在长期的私人交往的基础上，最终实现较好的工作成就。这是完全不同的平衡。

有些企业，员工之间要进行绩效排队，排在后面的会被扫地出门。年复一年，员工间的竞争逐渐白热化。这种管理方式在杰克·韦尔奇时代的美国通用发扬光大，被称为排名和淘汰制（rank and yank）。如今，这种激进的管理方式不只在美国通用被停止使用，也受到越来越多企业的批评，认为这种管理方式从根本上侵蚀了一家企业的根基。

那么中国企业来到巴西投资，该如何处理这种平衡？如何创造一个最健康的同事关系，并实现企业效率最大化？很多外国企业，尤其是来自亚洲的企业到巴西经营，都会出现巴西本土员工流失率过高的问题，有的高达40%以上。问题的根源是多方面的，但是员工的工作体验不好是重要原因。比如亚洲的传统文化讲究等级森严，工作以自上而下的指令为主的方式进行，上级对下级的意见倾听不够。而巴西比较在意个人的意见是否得到倾听，更青睐一个平等的文化。来自亚洲的员工更在意"我需要做什么"，而巴西员工会常常刨根问底地问"为什么要做这件事，做这件事要达到什么样的目的"。回答"做什么"的问题当然靠指令就可以实现，但要回答"为什么"的问题就复杂很多，需要更多坦诚、平等和透明的沟通。对于某些巴西员工，不知道为什么要做却不得不做，是一个挺残忍的折磨，是很不好的工作体验。而同样的问题，对于某些亚洲员工，却不成问题。

欧洲工商管理学院教授艾琳·梅耶（Erin Meyer）曾提出一个思维方式差异的考察方式：概念优先（concept first）还是实践优先（application first）。概念优先的思维方式是先有一个概念框架，再遵从这个概念去进行实践；实践优先就是通过不停的实践去形成概念。前者接近演绎法（deductive）的思维，后者接近归纳法（inductive）的思维。说得大一点，前者也许有欧陆唯理主义哲学的基因，后者也许有英国经验主义哲学的基因。提出演绎法的笛卡尔来自法国，提出归纳法的培根来自英国，由此可以看出其中的关联。从大陆法系（条文法）和英美法系（判例法）的区别中也能体现出这种不同。

据说，法国人学英语，要把英语语法规则掌握清楚，才肯进一步去尝试对话。法国人的英语虽然带些口音，但语法多是准确的。美国人学法语，则倾向于在酒吧、办公室等场所实践，积累了一定的知识，才形成语法的结构。不知道其中有没有这种思维方式差异的影响。

巴西有比较明显的概念优先倾向，不把概念说清楚，实践起来很难。比如巴西同事，包括年轻的员工，有一段时间总是很困惑于公司的战略，不停追问。中方员工就安慰他们，这关系不大，我们先做事。三峡巴西后来推行每季度一次的全体员工大会，公司管理层不停地去讲解、澄清公司的战略和发展方向以及当前的重点工作等。员工有了这些概念后，就少了很多困惑，职场的幸福感也有了提升，工作效率进一步提高，工作质量也更好了。

如何看待员工使用和员工培养之间的关系，反映了一个组织的价值观。企业培养员工需要花费很高的成本。一方面，员工得以更有热情、更有能力地工作，提高工作产出。另一方面，本领提升后的员工有了更好的市场竞争力，可能会离职。带着这家公司给予的投资，去另一家公司释放红利，听起来似乎不够合理。

理查德·布兰森说过："要培训你的员工，使他们有能力离开；要善待你的员工，让他们不愿离开。"这句话说得很妙，但如何把握尺度、如何实践呢？

任何一个好的理念，如果不能给企业带来利益，就永远是一个理念，而难以在企业内部得到接受和推广。员工培养也是如此。企业的运转方式是追求最高效率和最大效益，只有把员工培养成为效率和效益的助力，才能在企业内部形成共识，做好员工培养。

美好的愿望需要市场化的途径来实现。比尔·盖茨创办的微软公司可以用很短的时间把产品送往全世界，而同样是比尔·盖茨创办的盖茨和梅琳娜基金会，却难以把成本低廉的疫苗送到非洲乡村的病童手中。一个重大区别在于，前者有一个强大的市场在发挥作用。以人为本的可持续发展理念，如果脱离市场、靠抽象的说教，是难以改变世界的。社会需要做的，就是让尊重生命、以人为本的企业有更好的生存空间，让个体和组织的利益趋同，让以人为本的理念插上市场的翅膀。只有这样才能让我们的世界越来越美好。

工作和生活的平衡

工作和生活可以分开吗？这是一个见仁见智的问题，也是一个因文化差异而有不同认识的问题。在一家企业的金字塔结构中，越靠近塔尖的人越难以实现工作和生活的分离。对于一家企业的管理层，他们在周末的时候拿出电脑处理公务，或者在家庭出行的时候思考公司经营问题，或者在朋友聚会时一起讨论业务上的合作机会，都被看作很正常的现象。除此以外，还有其他因素使得现代社会职业人士的工作和生活难以彻底分离。

从当前社会发展来看，自由职业者比例增大，而且还将不断增大。社会分工高度精细化，工作内容高度模块化，远程工作手段层出不穷，让工作可以在家里、办公室、咖啡馆等任何地方进行。根据美国上工（Upwork）的研究报告《美国自由职业2019》（*Freelancing in America 2019*），全美国有高达5700万自由职业者，占美国劳动力数量的35%，他们的收入达到1万亿美元，占GDP的5%。根据研究成果，自由职业者看重工作时间和地点的灵活性，可以更好地实现工作和生活之间的平衡。这种平衡，也使得自由职业者很难像传统雇员那样有清晰的上班和下班的固定安排。

越来越多的人把兴趣作为择业的第一标准，他们希望通过工作实现人生价值。比如一个环保主义者在一家非政府组织（NGO）工作，一个科学家为一家科研院所工作，一个新闻工作者为一家媒体工作。这样的工作人群，他们自己一般不会追求工作和生活的分割。他们认为生活是为了工作，工作也是为了生活，并享受这种生存的状态。

高科技手段解放了人类，自动化流水线承担了重复性的劳动，机器人承担了复杂和危险的工作，各种计算机程序让工作变得简单。人开始从事更多创意性工作。创意不是坐在办公桌前盯着电脑才会产生的，创意可以随时随地灵光一现，可能是在餐桌上、散步时，甚至睡梦中。

第十二章
以人为本的企业

我们不知道工作作息制度的来历，只知道根据《旧约》的记载，上帝用六天创造了世界，第七天休息。在历史上相当长的时间里，大家都是一周休息一天。

1929年的"大萧条"直接导致了每周的工作时长从49小时减至40小时。胡佛总统为了应对经济萧条下的各类经济问题，开始大范围试点一周40小时工作制。其后的罗斯福总统签署的《公平劳动标准法案（1938）》（*Fair Labor Standard Act of 1938*）真正从法律层面确定了"一周5天，一天8小时"的标准工作制，一直延续到了今天。中国在1995年5月1日开始施行5天工作制。应该说，当时很多人瞪大了眼睛，简直不敢相信自己的耳朵，那是一种巨大的幸福感。有人觉得一周6天工作都干不完，5天怎么建设社会主义？结果如何，我们都是知道的。5天工作制虽然起源于经济危机，但最终却成为一种大家认为更加合理的作息安排。

另一场危机让美国开始思考从5天工作制改为4天工作制的可能。那就是20世纪70年代的石油危机。20世纪初，再次有人从节约能源的角度提出4天工作制。主流的观点是每天工作10小时，这样一周40小时工作制并没有改变。但是，已经有学者在认真地研究"每周4天，每天8小时"是否可行。初步研究成果令人振奋。微软的日本公司在2019年8月做了一个实验，2300名雇员在一个月内每周五带薪休假，结果发现该公司当月的销售收入比2018年8月提高40%，用电量降低23%。休息的那5个周五，公司鼓励员工学习、培训或当志愿者，或者仅用来休息。另一个见诸报端的4天工作制实验，是新西兰永久守卫公司（Perpetual Guardian）。他们从2018年11月开始执行4天工作制，研究发现，他们的工作产出没有受到影响，而员工的工作生活平衡提高了24%，赋权感提高了20%，领导力提升了22%，工作投入度提高了20%。多了一个休息日的员工，有了更多的时间去购物或消费，对经济也有提振作用。

当然，现在还不能作出4天工作制比5天工作制好的结论，还有很多服务业、政府公共职能部门等需要保证足够的服务时间，但未来也许有一天会实现4天工作制。英国工党影子内阁大臣约翰·麦克唐纳（John McDonnell）曾在2018年表示，如果工党执政，会在十年内在英国实行每周32小时工作制。这样是不是更有效率？

更长的休息时间，极大地提高了人们的生活质量，改善了人们的健康水平，让人们在工作和生活之间找到了更好的平衡。但有意思的是，人们决定缩短工作时间的最初动机，不是得到更多休息，而是应对危机。当下，人类正面临一场更严峻的危机。新冠肺炎全球肆虐，正促使人们寻找一种全新的办公方式，一些企业已经允许员工永久居家办公。

对待工作和生活的态度，不同国家的人差异很大。北美人总体来说高度重视努力工作带来的成就感，愿意为了事业的成就牺牲一定的私人生活。他们愿意于必要时在周末处理一些工作，但有一定的限度。儒家文化影响下的东亚人往往把工作放在优先的位置，为了工作可以作出比较大的个人牺牲。而北欧人总体将工作和生活适当分开，对工作的成就感没有过度的追求，十分看重私人和家庭的时间与空间。天主教为主的巴西文化高度多元，家庭观念很强，现代职场上的巴西人也充满对事业成功的追求。他们把工作和生活看得都十分重要，而且不能完全分离。

在工作中，尤其是在传统的中国企业中，常常听到这样略带骄傲的自我批评："我已经十多年没有休过假了""我为了这个项目连续熬了几个通宵""我家小孩出生的时候我因工作没能在家"……这个单子可以拉得很长。这种把工作放在至高的位置，优先于自己的家庭、健康和个人时光的观念，是根深蒂固的。我们应该看到，勤劳工作，仍然是社会进步的根本推动力。儒家文化和清教文化都推崇勤勉工作，在一定程度上造就了东南亚、西欧和北美洲一些国家的经济繁荣。

但我们也应该保留对这种现象的质疑和反省。三峡巴西的办公楼与部分中国员工的公寓离得很近，有时深夜还能看见办公室灯火通明。中国同事就会很感慨，有时会在社交媒体上发发照片，夸奖同事的敬业。但很少有人会问为什么这么晚了还会有人在办公室。如果是处在一个重大项目的攻坚期，那事出有因，是工作中常有的事。如果是工作缺乏计划性，导致员工清闲了一个白天，而直到下班时上级的要求才明晰，这就是不得已的加班，管理者就要反思。如果是因为某个岗位工作负荷长期超过人员配置，那就是公司人力资源配置的问题。因此，如果熬夜加班的原因是后两种，我们为什么要为办公室深夜的灯火通明而感动呢？

职场代沟

以人为本，还体现在对新一代的接纳。

80后刚入职时，70后可能看不惯80后的一些行为习惯。但事实上，80后身上有很多积极的特质，他们有更加自我的观念，敢于挑战权威，愿意尝试新鲜事物。坦诚地讲，我们一方面不理解80后的种种行为，另一方面也希望80后能够给职场带来新的气息。现在，第一批80后已经进入不惑之年，成为各个单位的顶梁柱。在我个人看来，80后确实给职场带来了一些新鲜的东西，但总体来说，他们被60后、70后同化了，又在重复着同样的故事。他们希望自己有更大的权威，希望新一代人有更多的服从，而不是更多的个性。他们也会坐在一起感慨90后那些他们看不惯的行为，正如他们入职时70后那样。现在，第一批90后进入而立之年，他们的未来如何，让我们拭目以待。

西方世界又何尝不是如此？他们经常提到的是X一代、Y一代（或千禧一代），以及Z一代。作家道格拉斯·库普兰德（Douglas Coupland）在20世纪90年代发表了小说《X一代》，把20世纪60年代中后期和70年代出生的人称为"X一代"。作者使用未知数"X"这个字母来表达X一代前途未知。"二战"后到20世纪60年代中期的20年时间里，美国经济发展较好，人口出生出现高峰。这一时期出生的人，被称为"婴儿潮一代"（baby boomer generation），而《X一代》这本书就是从婴儿潮一代的视角看待X一代。至于X一代怎么看Y一代，Y一代怎么看Z一代，也是相通的，无非是一代人走入职场，最初因时代特点不被前一代人接纳，最终完全融入，再准备迎接新一代人的到来。

美国的这种分类方式，基本走到了尽头，似乎再继续进行这种人为划分已失去意义，Z碰巧也是英文字母表的最后一个字母。在中国，虽然还有人在讨论00后，但没有得到很大反响。一代人接一代人出生、成长、成家、立业，一代人和一代人之间有着代沟，社会就在争吵不休中不断进步。大家谈了70后、80后、90后，也就少有人再谈00后了，因为没有太大的意义。巧合的是，90后，也是一个世纪的结束。

代际的差别客观存在，也会永远存在，这是社会进步的根本动力。三峡巴西珍视年青一代为公司带来的新活力、新思维，鼓励他们大胆地展示自己。只要有一个宽容的环境，年青一代就会施展才华，让你刮目相看。很多来自中国和巴西的年轻人，在三峡巴西这个平台上快速成长，成为独当一面的业务骨干。2020年的五四青年节，一个网络热播的名叫《后浪》的视频这样赞美年轻一代："你们有幸遇见这个时代，但时代更有幸遇见这样的你们。"

结语

国企改革

国企改革，关键在公司治理。

本书论述的价值创造、企业文化和可持续发展三个话题，都不同程度地超越了经营管理的范畴，一只脚踏入了公司治理的领域。

就价值创造而言，企业长期的价值创造和短期的利润水平有时会有矛盾，这会造成股东和管理者的利益不一致。比如，管理者希望出售一块资产以提升当年的利润水平，但从长期价值角度来看，留下这块资产对股东更加有利。再比如，两家企业重组可以形成协同效应，为股东创造价值，但部分管理层可能会丢掉工作。这些都是公司治理体系需要解决的问题。企业创造的价值还需要在不同的利益相关者之间进行分配，这也是公司治理必须面对的问题。

企业文化和公司治理模式相互影响。公司治理模式需要根植于相应的企业文化土壤之中，企业文化也会受到公司治理模式的影响。比如，一家企业追求狼性文化，鼓励员工敢想、敢试、敢为人先，而公司的治理体系却处处体现刚性原则，对管理层授权有限，激励导向也鼓励谨小慎微。那么，企业文化和公司治理就会产生矛盾，让人无所适从，这种企业文化也就没有了立足之地，最终恐怕会变成羊群文化。

可持续发展就是广义公司治理要解决的核心问题。可持续发展就是摈弃股东利益至上原则，把股东"降级"为和客户、供应商、员工、社区一样的利益相关方。企业不光要为股东服务，还要保护环境、履行社会责任、关爱员工成长、促进公平正义等。这样重大利益的统筹安排，自然不是企业管理者所能决定的，而属于公司治理的范畴。

管理（management）和治理（governance）水平，共同决定了一家企业的核心能力。管理偏重于资源如何利用，治理偏重于权力如何分配。在我看来，公司治理才是一家企业最深层次的能力，并在长周期的跨度里，决定着一家企业是否优秀。很难想象，一个坏的治理体系，会形成好的管理能力；而一个好的治理结构，往往能够促进优秀管理能力的形成。

在撰写书稿的过程中，我越发深刻地感受到，决定一家企业基业长青、走向卓越的深层次驱动力，是公司治理。新时期的国有企业改革，重中之重，在于提升公司治理水平。这也是培育具有全球竞争力的世界一流企业的必然要求。

科学的公司治理结构，是企业有序经营和健康发展的基石。一个好的公司治理，应该有三个特征：保障合规、促进经营和有持续改进的内生机制。三者之间，需要有度的把握，且因公司而异。如果一家公司把保障合规作为至高无上的准则，就要设定十分刚性的治理规则，在一定程度上可能会牺牲企业的经营效率，甚至危及企业的生存。反过来，如果企业一味追求效率，则需要相对灵活的治理规则，又会造成合规性的风险。但不论如何，公司治理相当于各利益相关方之间的一个契约，有什么样的契约，就要接受相应的履约成本，从而实现治理的目的。世界一流的企业，一是有能力更科学地设定规则，可以更好地兼顾这种平衡；二是有内生机制，可以随着内外部环境的变化而持续优化治理结构和规则；三是在刚性的治理契约之外，可以通过柔性的企业文化进行有益的互济互动，更好地实现效率与秩序的平衡。

研究发现，企业治理质量甚至会直接影响企业的价值。比较著名的有罗伯特·纽威尔（Roberto Newell）和格雷戈里·威尔逊（Gregory Wilson）在麦肯锡2002年第三季度报告中发表的文章。他们通过研究6个新兴市场发现，平均而言，企业治理状况从最差到最好会导致公司价值10%~12%的提升。其结论与密歇根大学杜尔涅夫（Durnev）和金（Kim）2005年的研究结果相吻合。他们研究了27个国家859家公司，发现治理较好的公司拥有更高的价值。也有中国学者以中国A股上市公司为样本，实证研究发现，公司治理水平与经营业绩显著正相关。

公司治理既然有如此根本性的作用，那按照市场最佳实践复制过来可以吗？可问题远非这么简单。学者们已经总结出非常完备的公司治理理论框架，股东会、董事会、监事会和管理层相互制约、各司其职，看起来很完美。同时，各大知名企业，尤其是上市公司，把公司治理模式和规则，甚至参与治理机制的所有人员的简历,都详细地公之于众,根本不怕"抄袭"!那为什么公司治理模式难以复制?答案是,没有放之四海而皆准的公司治理,好的公司治理要因地制宜。

治理的本质,是在权力分散的情况下如何作决策。企业所有权、经营权分离,所有者把企业委托给管理者经营,就出现授权、监管、激励等一系列问题。企业治理的本质,就是解决所有权和经营权分离产生的代理问题,实现所有者对经营者的有效监督和制衡,目标是保证股东利益的最大化,此即委托代理理论。利益相关方理论则认为,凡是与公司产生利益关系、与公司发生双向影响的自然人或机构都是公司的利益相关方,如股东、债权人、员工、顾客、社区、政府等,利益相关方利益的共同最大化才应该是现代公司治理的目标。前者可以称为狭义的企业治理,后者是广义的企业治理。企业治理是一家企业根本性的制度安排,是可持续发展的根本保障。

既然企业治理是权力的安排,那就要考虑一个国家、一家公司的具体特点。我们常说的三种企业治理模式——英美模式、德国模式和日本模式,都是基于一定的文化土壤而逐步演化而成的。而对于后来的借鉴者,就要考虑到国情和文化,而不能是简单的"拿来主义"。

首先看英美模式。美国资本市场高度发达,股权分散且流动频繁。在这种情况下,直接监督成本太高,股东运用所有权直接约束的力量不足,逐渐形成了以市场间接监管为特色的美国治理结构。因此,美国公司治理模式也被称为市场导向型治理结构,即以产品市场、资本市场、经理市场为基础,股东主要依靠法律和公司章程,充分利用产品、资本、经理市场的竞争机制,对公司经营管理者进行监督,而不单独设立监事会。从文化层面来看,美国秉承的是"盎格鲁-撒克逊文化",核心是个人主义价值观。他们更相信个人英雄主义,愿意充分放权。美国很多大企业由一人兼任董事会主席和首席执行官。

其次看德国模式。德国的资本市场不够发达,企业融资主要通过银行，因此银行往往是大股东。法人之间交叉持股也比较普遍。因此德国企业实行"以手投票"的内部治理机制，采用"双层董事会"制度，即理事会（相当于中国企业的管理层，但实行票决制）职能与监事会（相当于中国企业的董事会，但权力偏小）职能分离。从权力行使上看，体现权力分立和制衡的原则，在一定程度上解决外部治理较弱而产生的委托代理问题。从文化层面来看，德国"日耳曼文化"的典型特征是集体本位主义价值观，认为集体利益高于个体利益，强调工人对企业的参与和管理。因此与美国不同，德国公司实行工人参与治理的共同治理模式。

最后看日本模式。20世纪60年代日本银行和企业为防止被国外投资者尤其是大企业兼并或收购，建立起一种"互锁"型交叉持股制度。银行与企业的关系一旦结合就很少变动，日本所有大公司基本都有自己的主银行。主银行具有大股东和主要债权人的双重身份，可以及时获取信息进行监管。因此日本与德国相似，是以内部治理即"用手投票"为主。从文化层面来看，日本人信奉集体利益高于个人利益，日本企业有终身雇佣制和年功序列制；与美国、德国董事会以独立董事为主不同，日本公司主要是从雇员中任命董事和经理，董事会以内部董事为主。

中国的公司治理，吸收了不同模式的特点。比如借鉴了英美模式的董事会与管理层模式、德国模式和日本模式的监事会制度。这种博采众长的方式，有时也会产生水土不服的问题。这几种治理模式，也是一种粗线条的划分。有些日本企业为了吸引全球的投资人，治理模式已经作出重大调整，不再具有"日本特色"；历史上效仿德国模式的南欧企业，近些年也纷纷取消了"双层董事会"制度，改为更加敏捷的单层结构。

每一家企业，都应该本着符合法规、实事求是的原则，一企一策，构建出符合公司特点和发展战略的公司治理体系。其中，资本结构是重要的个性化因素之一。不论什么样的股东结构，都可以培育出伟大的公司，但需要有不一样的公司治理体系。欧洲和东南亚有很多家族控股的企业，历史悠久，负有盛名，其中有效的治理体系功不可没。美国有很多上市公司，股权高度分散，如果治理得当，也不会出现所谓的"所有者缺位"的问题。一些主权投资基金，掌管庞大资产，往往是单一股东——本国政府，在科学的治理体系下，市场化的职业经理人们同样可以施展才华，为股东带来可观的回报。我在南美洲还见过一些纯粹的国有企业，技术水平和盈利能力同样让人印象深刻。我坚信，这些资本结构迥异的卓越企业，背后一定也有完全不同的公司治理体系在发挥着作用。

不论公司治理模式多么纷繁复杂、设立几会几层的治理结构，终究要解决的，是在所有权和经营权分离的情况下，所有者和经营者的关系问题。这个问题解决后，所有者应该关注治理问题，经营者应该关注管理问题，各司其职、各尽其能。而最糟糕的局面，莫过于所有者操心管理问题、管理者操心治理问题。这样的治理结构，催生不出伟大的企业。

考虑到公司的发展阶段、行业特点、企业规模、发展战略和企业文化等多重因素后，即便企业构建了一个最适合的公司治理体系，仍然是"行百里者半九十"，因为写进文件的公司治理模式不论多么完美，如果无法落地有效实施，也不过是一纸空文而已。公司治理的有效执行取决于两个重要因素：一是参与治理体系的各方有契约精神、有遵守规则的意识，股东、董事和经理人各自按照契约行使权力、履行义务。二是参与公司治理体系的各方有履行相应职责的专业能力。现代董事会是专业性的机构，是为了作出更好的决策，而不是简单的权力分配的机制。这两个因素，看似平常，实则难得。

2019年，中国人均GDP首次突破1万美元。在过去的几十年里，在中国国力不断提升、"走出去"力度不断加大、国际经贸合作不断深化的过程中，中国央企正在从弱小走向强大、从稚嫩走向成熟。同时，受全球经济格局调整的影响，部分传统的西方企业遇到了增长乏力，甚至经营困难的问题。部分老牌企业进行深度战略调整，以适应技术和商业模式的变迁，重新寻找和定位自己的竞争优势。而中国提出的"一带一路"倡议，为中国企业转型升级提供了难得的机遇。内外部环境的种种变化和中国企业自身的多年积累，为中国企业把自己培育成为具有全球竞争力的世界一流企业，创造了十分有利的条件。

当今时代，企业已成为社会存在的最重要组成形式，而且已经超越基本的经济内涵，成为国家治理、社会进步和民族文化的重要载体。在实现中华民族伟大复兴的征途中，中国企业不仅是中国经济的价值创造实体，还是国家战略的实施主体和中华文明的传播载体。历史证明，一个国家走向世界强国之列，就会孕育更多的世界级跨国企业，一个民族要屹立于世界民族之林，不能缺少承载民族使命的杰出跨国公司。中国企业正面对着巨大的历史机遇，同时也应该深刻认识到与世界一流企业的差距，努力在国际市场竞争中栉风沐雨、苦练内功，建设更多具有全球竞争力的世界一流企业，为中华民族的伟大复兴贡献自己力所能及的力量。